기후 위기,
마지막 경고

기후 위기, 마지막 경고

서형석 지음

문예춘추사

우리는 한정된 대기와 물, 음식, 햇빛, 산소를 공급하는 유한한 행성에서 살고 있다. 이는 모두 생명을 유지하기 위해 필요한 중요한 요소이므로 가치 있는 자원으로 취급하면 모든 사람에게 큰 이익이 된다. 전환기에 서 있는 우리는 환경 재앙을 피하기 위해 필요한 모든 일을 해야 하므로 오염을 줄이고, 탄소를 줄이고, 바다를 정화해야 한다는 의견에 적극 동의한다. 한국인 친구 서형석 님의 책을 진심으로 추천한다.

_ 토머스 프레이(Thomas Frey) 미국의 미래학자, 다빈치연구소 소장

기후변화가 일어나고 있고 그 정도가 점점 심각해진다는 사실에는 의문의 여지가 없다. 지금 우리가 할 수 있는 질문은 기후변화에 맞서 무엇을 할 수 있는가이다. 오랫동안 기후변화 강의를 해온 서형석 대표의 노력이 이제 시대적 사명으로 다가왔다. 본서는 기후위기를 걱정하는 분들의 실천서가 될 것임을 확신한다.

_ 박영숙 유엔미래포럼 대표

기후변화가 가져올 재앙은 다양하다. 미세 먼지, 식량 부족, 물 부족, 동식물 멸종, 생태계 파괴, 전염병 창궐, 기후난민, 전쟁 등 2차 재앙으로 이어진다. 그 가운데 코로나 같은 대형 전염병의 창궐이 가장 치명적이고 전방위적인 피해를 주는 것이라 생각한다. 이번 코로나 팬데믹으로 국가 간의 안보 충돌, 경제 충돌, 내부적 갈등이 증폭되면서 2차, 3차 피해로 이어지는 현상도 우리가 목격하고 있다. 이번에 서형석 이사장이 펴낸 책은 기후변화의 피해 양상과 대책까지 종합적으로 다룬 것이라 독자들에게 많은 도움이 될 것이다.

_ 조석준 전 기상청장

기후와 환경의 중요성을 어느 때보다 심각하게 느끼고 있는 지금 이 책의 출간은 시의적절하다고 하겠다. 오랫동안 온실가스 관련 현장에서 일하고 기후 강의를 해온 저자는 이 문제의 심각성과 환경 운동 실천의 중요성을 강조했다. 지구촌 최대 과제인 기후 위기를 널리 알리고 이를 극복하기 위한 실천 방안을 제시한 것은 각별한 의미가 있다. 대학에서 35년간 대기 환경 분야의 강의를 해온 전문가인 나도 이 책의 가치가 매우 높다고 평가한다.

_ 백성옥 영남대학교 환경공학과 교수

먼저 출간을 축하한다. 지구와 인류의 미래를 예측하는 이 책의 저자 서형석 미래학자에게 무한한 존경심을 표하고 싶다. 나도 환경 분야에 일하고 있지만, 이 책에는 지구촌 환경에 관한 지식이 알기 쉽게 설명되어 있다. 그동안 미래학자들이 지구온난화로 기후 위기가 찾아온다고 얼마나 외쳤던가? 그럼에도 인간의 무관심과 이기심으로 온실가스를 계속 배출하고 환경을 파괴했기 때문에 앞으로 혹독한 대가를 치르게 될 것이다. 이 책은 지구를 어떻게 위기에서 구해낼 것인지 고민한 흔적이 엿보인다. 인류의 미래를 위해 지도자들부터 이 책을 꼭 읽어보기를 적극 추천한다.

_ 김기석 이그린뉴스 취재본부장

약 1만 년 전, 생물이 생존하기 어려운 혹독한 빙하기가 끝나고 다시 기후가 온화해지면서 인류의 역사는 신석기시대부터 농경 사회에 접어들었다. 문명이 발전을 거듭해 산업혁명을 맞은 이후로는 인구가 기하급수적으로 증가하고 대량생산 체제가 도입되면서 화석연료 소비도 급증했다. 이에 따라 온실가스 양이 상상도 못할 만큼 늘어나면서, 결국 지구는 응급실로 직행해야 하는 위중한 상황에 직면했다.

사람의 몸도 사소한 질병은 자가 치유가 되지만 한계치를 넘으면 병원에서 의사의 도움을 받아야 한다. 그러나 지구의 '열병'은 치료해줄 의사가 따로 없을 뿐 아니라 오랫동안 열병을 앓아 정상으로 돌아가기 어려운 중환자 상태다. 지금 당장 온실가스 배출을 멈춘다고 해도 이산화탄소의 일부는 수백 년 동안 대기에 남아 있을 것이다. 산업혁명 이전 대비 지구 평균기온이 2도 이상 올라가면, 임계치를 넘어 인류가 극복할 수 없는 악순환이 지속되고 정치·경제·사회·문화 전 분야에 영향을 미칠 수밖에 없다.

유엔의 파리협정에 따라 전 세계 195개국은 2050년까지 온실가스 순 배출량을 제로로 만드는 '탄소 중립(넷 제로)'을 목표로 정했다. 우리나라도 2030년까지 배출 전망치(BAU) 대비 37%를 감축하겠다는 목표치를 유엔에 제시했고, 2050년에는 순 배출량이 제로가 되도록 만들어야 한다. 그런데 2018년 배출량(7억 2,760만t)에 비해 2019년의 배출량(7억 820만t)은 겨우 3.4% 줄었다. 매년 10% 이상을 줄여야 하는 상황에서 턱없이 부족한 수치다.

『코드 그린』(21세기북스, 2008)의 저자 토머스 L. 프리드먼은 "지정학적 팬데믹(9·11테러), 금융 팬데믹(글로벌 금융 위기), 생물학적 팬데믹(코로나19)에 이은 생태학적 팬데믹은 기후변화 때문에 발생할 것"이라고 전망했다. 게다가 "코로나19는 인간이 야생이라는 완충장치를 파괴하는 바람에 바이러스가 인간에게 흘러들어오면서 초래된 것"이라고 지적했다. 프리드먼은 기후변화를 '검은 코끼리'에 비유했다. 검은 코끼리는 '검은 백조(도저히 일어나지 않을 것 같지만 실제로 일어나면 엄청난 충격을 주는 사건을 비유한 말)'와 '방 안의 코끼리(모두가 잘못됐다는 것을 알면서도 먼저 그 말을 꺼내면 일어날까 봐 두려워 그 누구도 먼저 말하지 않는 커다란 문제를 비유한 말)'를 합성한 말이다. 이미 기후변화라는 '검은 코끼리'가 우리 눈앞에 서 있는데, 이 코끼리가 온 방을 망가뜨릴 때까지 모른 척하고 있는 현실을 날카롭게 경고한 것이다.

한국은 기후변화 대응에 취약한 국가 중 하나다. 이제는 모든 국민이 기후 위기 극복에 동참하기 위한 대안을 마련해야 할 시기다.

인류가 살아남기 위해서라도 지구를 살려야 한다. 미래 세대에게는 생존이 달린 문제다. 지구온난화를 멈추고 기상이변을 피하려면 정부와 지방자치단체의 역할도 크지만 전 국민의 동참 없이는 해결이 불가능하다. 나는 국민 각자가 노력하면 문제의 절반은 해결될 것이라고 생각한다. 먼저 우리는 위기의식을 가져야 하고 일상에서부터 지구를 살리는 방안을 하나하나씩 실천해나가야 한다. 그래서 이 책에서는 기업과 가정에서 지구를 살릴 수 있는 방법을 10가지씩 제안했다. 지구를 살리려는 노력을 게을리 하면 최악의 상황이 도래할 것이고, 모두 힘을 합쳐 노력하면 멋진 미래가 다가올 것이다.

이미 대형 사고를 치기 시작한 '검은 코끼리'를 방 안에 그대로 둘 것인지, 아니면 밖으로 내보낼 것인지 선택은 우리에게 달려 있다. 이대로 둔다면 방은 더욱 엉망이 되고 말 것이다. 지구촌 여기저기서 수많은 사람이 기후변화 때문에 목숨을 잃고 이른바 '기후 난민'이 된 사람들은 정처 없이 떠돌고 있다. 앞으로 '검은 코끼리'는 점점 더 사납고 빠르게 우리의 터전을 파괴하면서 생존을 위협할 것이다.

안전하고 건강한 지구를 미래 세대에게 물려주는 것은 오늘날을 살아가는 우리 모두의 책임이자 의무이다. 이 책을 쓰는 이유도 바로 여기에 있다. 혼자서는 이 거대한 '검은 코끼리'를 쫓아낼 수 없으므로 함께 힘을 모으자는 것이다.

2021년 10월

서형석

CONTENTS

1부

왜 우리는 위기에 처했는가?

1장   북극곰의 위기는 예고편에 불과하다

2부

친환경을 실천하는 법

3부

미래의 기회

6장

그린 뉴딜과 신재생 에너지

7장

새로운 일자리와 미래 시나리오

부록

왜 우리는
위기에
처했는가?

북극곰의 위기는 예고편에 불과하다

기후 난민이 된 북극곰

북극곰의 위기는 인류의 위기를 알리는 예고편이다. 북극곰은 알래스카, 러시아, 그린란드, 노르웨이 등 북극권에 서식한다. 북극의 기온은 지구 평균기온 상승 속도의 2배 정도로 올라가고 있다. 기온 상승으로 얼음이 녹는 면적이 넓어지는 만큼 서식처가 좁아져 북극곰은 빠르게 멸종해간다. 2008년 미국에서는 북극곰을 '멸종 위기종'으로 공식 지정했다. 북극곰은 주로 바다표범과 바다물범을 잡아먹고 산다. 북극곰 한 마리는 1년에 약 45마리의 물범을 먹어야 생존할 수 있다. 하지만 먹잇감이 줄면서 체중이 줄고 새끼도 덜 낳는다. 새끼를 낳는다고 해도 기르기 어려운 상황이다. 러시아 TV 방송에서는 북극곰 새끼들이 검은 비닐을 먹이로 착각하고 서로 먹겠다고 싸우는 장면이 나오기도 했다. 2019년에는 50여 마리의 북극곰이 러시아의 어느 마을을 습격해 음식 쓰레기통을 뒤지는 바람에 비상사태를 선언하기도 했다. 설상가상으로 먹이를 찾아 남쪽으로 내려오는 북극곰은 인간의 사냥감이 된다.

　이런 참혹한 현실 속에서 북극곰의 개체 수는 급속하게 줄어들고 있다. 이대로 가면 2100년에 북극곰이 멸종한다는 연구 결과도 나오고 있다. 북극곰은 북극의 먹이사슬 최상위 동물이다. 따라서 북극곰의 위기는 북극 생태계의 위기를 알리는 신호 역할을 한다. 특히 북극의 해빙 속도가 얼마나 빠르게 진행되고 있는지 알려준다. 기후변화의 척도인 북극곰이 '기후 난민' 신세가 된 모습은 곧 도래할 인류의 모습이기도 하다.

기후 난민이 된 북극곰 ⓒAndreas Weith

남극의 펭귄도 사라지고 있다

남극의 펭귄도 북극곰과 신세가 크게 다르지 않다. 펭귄도 남극에서 점점 자취를 감추고 있다. 남극대륙과 이어진 얼음 대륙붕인 빙붕이 녹아내리면서 남극 코끼리섬에 서식하던 펭귄 12만 쌍 중에서 약 7만 쌍이 사라지고 5만 쌍만 남은 것으로 조사되었다. 피그섬에 서식하는 킹펭귄은 1980년대 200만 마리에서 2017년 20만 마리로 개체 수가 88%나 줄어들었다고 프랑스의 한 연구소가 발표했다. 이 연구소는 엘니뇨 등 기후변화를 주요 원인으로 추정했다.

빙하가 소멸하고 생태계가 무너지면서 먹이사슬이 파괴되었고 펭귄도 영향을 받았다. 결국 기후변화의 재앙이 펭귄에게도 위기를 가져왔다. 지구온난화가 지속될 경우 남극의 상징인 황제펭귄은 금세기 말에 멸종할 것이라는 연구 결과도 있다. 이는 결국 인류의 위기로 이어질 수 있다. 펭귄이 살 수 없는 지구에서는 인간도 살기 어렵기 때문이다.

지구가 인류에게 보내는 위험 신호

지구에는 척추동물이 등장한 이후 5억 년 동안 다섯 번의 대멸종이 있었다. 마지막 대멸종 시기에는 공룡이 지구에서 사라졌다. 북극곰의 위기가 공룡의 운명을 연상시키며 지속적으로 위기 신호를 보내고 있다.

지구가 인류에게 보내는 첫 번째 위험 신호는 기후변화다. 빙하기에서 간빙기까지 약 1만 년 동안 지구의 평균기온은 약 4℃ 상승했다. 그런데 최근 단 100년 동안 지구 평균기온은 1℃가 올랐다. 기온 상승 속도가 가히 상상을 초월한다. 겨우 1℃가 올랐다고 말할지도 모르겠지만 지구는 사람의 신체와 유사하다. 체온이 1℃나 2℃만 올라가도 중병에 걸리거나 생명이 위험할 수 있다. 지구도 마찬가지다. 기온 상승으로 기상이변이 점차 많아지면서 우리의 생명과 재산이 위협받고 있다.

두 번째 위험 신호는 생태계 파괴다. 육상과 해양에 서식하는 동물은 물론이고 식물 생태계가 붕괴되면서 동식물의 개체 수가 급속히 줄어들고 있다. 유엔 보고서에 따르면, 매년 3만 종 이상의 생물이 사라진다고 한다. 인구 증가와 함께 도시화가 확산되면서 산림, 습지, 숲 등이 파괴되어 육상 생물의 서식지가 많이 사라졌다. 또한 폭염과 폭우, 산불 등 기후 재난으로 육상 자연도 훼손되었다. 해수 온도 상승과 바다 쓰레기 등으로 바다가 오염되고 산호초가 소멸해 여기서 서식하는 바다 생물도 개체 수가 줄었다. 결국 육상과 바다의 먹이사슬이 깨지면서 생태계가 급속하게 붕괴되고 있다.

세 번째 위험 신호는 전염병이다. 14세기에 흑사병으로 유럽 전체 인구의 3분의 1에 해당하는 약 2,500만 명이 사망한 것으로 알려

졌다. 마찬가지로 2020년 1월부터 전 인류를 공포에 떨게 한 코로나
19 팬데믹으로 2021년 8월 6일 기준으로 약 2억 명의 확진자 가운데
427만 명 정도가 사망했다. 현대사회는 14세기보다 의학이 훨씬 발
달했지만 전염병은 이 모든 것을 무용지물로 만들었다. 전염병의 마
지막 피해자는 우리 인류다. 인류의 여섯 번째 대멸종의 시작이라는
위기의식이 필요한 이유가 여기에 있다.

　　각계 전문가들도 지구의 위기를 경고하고 있다. 기후변화정부간
협의체(IPCC) 특별보고서(2015)는 "현재 100년에 한 번 겪을 극한 현
상을 2050년경에는 매년 경험하게 되고 해수면 상승으로 심각한 위
험에 처하게 될 것"이라고 경고했다. 세계기상기구(WMO)도 "지구
온도가 산업혁명 시대 이전보다 1.5℃ 상승하는 시점이 앞으로 5년
내 다가올 수 있다"고 지적했고, 맥킨지컨설팅 보고서도 "지구온난
화에 따른 지구촌 경제 손실액이 수천 조 원에 이를것"이라고 주장
했다. 아이슬란드 작가이자 환경 운동가인 마그나손은 "2000년까지
만 해도 300개가 넘는 빙하가 있었던 아이슬란드에서 빙하 50개 이
상이 녹아 내렸고, 산업화 이후 바다의 산성화는 30% 증가했다"고
전하며 "앞으로 80년간 바다의 수소이온농도는 지난 5,000만 년보다
더 많이 변할 것이다. 파국을 면하려면 변화의 속도를 늦춰야 한다"
라고 경고했다. 미국 스탠퍼드대학교 에를리히 교수는 "여섯 번째
대멸종 속도가 예상보다 훨씬 빠르다"라고 주장했다.

겨울은 왜 점점 추워질까?

1979년 위성 관측이 시작된 이래 북극의 해빙 면적은 40%가 줄었다. 북극 빙하가 많이 녹으면 북극의 평균기온이 올라가고 북극을 원형으로 감싸고 있는 제트기류[1]는 약해진다. 제트기류가 약해지는 것은 북극 진동[2]이 음의 상태를 나타내기 때문이다. 평상시 북극 진동은 강한 제트기류의 남하를 막아주는 양의 진동을 보이는데 음의 진동 상태가 되면 제트기류가 약해져 공기의 흐름이 직선이 아닌 구불구불한 곡선이 되어 한파가 남쪽으로 내려온다. 제트기류가 약해지면 특히 저기압이 생겨 폭설도 내린다.

평상시 제트기류로 다습하고 온건한 겨울 날씨를 유지하지만 북극의 한랭 기류가 세력을 확장하면서 제트기류를 남쪽으로 밀고 내려오면 한파도 같이 내려온다. 2021년 1월에도 한반도에 한파가 강타했다. 서울은 영하 18.6℃까지 떨어지고 제주도에는 폭설이 내렸다. 이번 한파의 진원지도 북극이었다. 기상청은 북극 진동이 음의 상태가 되어 제트기류가 약해진 것이 원인이라고 발표했다. 북극의 얼음이 많이 녹으면 그만큼 한반도에 매년 한파가 닥칠 가능성이 높아진다.

우리나라뿐 아니라 중국도 2021년 1월 8일 기록적인 한파를 보였

---

1 대류권 상부나 성층권의 서쪽에서 동쪽으로 흐르는 빠르고 좁은 공기의 흐름으로 속도는 겨울철에 130㎞/h, 여름철에 65㎞/h 정도 된다.
2 북극에 존재하는 찬 공기의 극소용돌이가 수십 일 또는 수십 년을 주기로 강약을 되풀이하는 현상을 가리킨다.

다. 베이징은 52년 만에 최저 기온인 영하 19.6℃로 내려갔고, 시속 87km의 강풍으로 체감온도는 영하 43℃까지 떨어졌다. 미국도 2021년 2월 126년 만에 최악의 한파가 덮쳤다. 콜로라도주 유마는 영하 41℃, 캔자스주 노턴은 영하 31℃를 기록했고, 한파에 폭설과 폭풍까지 겹쳐 미국의 25개주에서 폭풍 경보를 발령했다. 이번 한파로 약 10억 달러(한화로 약 1조 1,000억 원)의 피해가 났다.

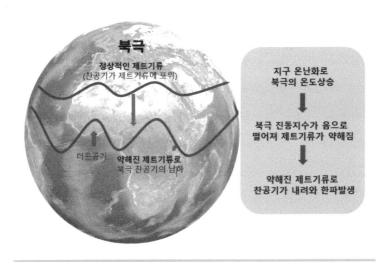

지구촌 이상 기온 원인

여름은 왜 점점 더워질까?

지구상의 얼음이나 눈은 태양의 복사열을 대기로 반사시키는 역할을 한다. 하지만 얼음이 녹으면 지구가 태양열을 그대로 흡수하기 때문에 지구온난화의 원인이 된다. 이른바 '가마솥더위'도 지구온난화와 열돔 현상(Heat Dome)이 원인이다. 열돔 현상은 지상에서 약 10km 이내 상공에서 발달한 고기압이 정체된 상태에서 반원 모양의 열막을 형성하면서 뜨거운 공기를 지면에 가둬놓는 기상 현상을 말한다. 대기권 중상층에서 발달한 고기압은 아래로 뜨거운 공기를 내려보내고 여기에 습도가 높아지는 콘 스웨트(Corn Sweat) 현상[3]이 결합하면서 '찜통더위'가 발생한다. 유리로 된 온실 속에 햇빛이 계속 들어오는데 습도는 높고 열이 유리에 갇혀 나가지 못하는 것과 같다.

북극에서도 얼음과 눈이 녹으면서 높아진 기온이 다시 얼음과 눈을 녹여 이상고온현상이 일어난다. 게다가 뜨거워진 공기로 자외선과 오존 농도가 높은 상태를 유지하고 미세 먼지도 열돔에 갇히면 빠져나가지 못한다. 폭염은 농작물에 많은 피해를 입히는데, 특히 병해충을 만들어 농작물 수확에 막대한 영향을 미친다. 바다에서도 수온이 높아지면 양식장의 피해가 커지고 바닷속 물고기와 산호까지 죽게 된다.

2018년 우리나라는 기상관측 이래 최고 기온을 경신했다. 강원 홍천에서 최고 기온인 41℃를 기록했다. 서울, 춘천, 수원, 대전에서도 지역 최고 기온을 기록했다. 폭염 일수도 전국 평균 31.5일로 최고 기록을 세웠다. 통계청 자료에 따르면, 폭염으로 인한 온열 질환

---

3   옥수수가 수분을 대기로 내보내 습도가 매우 높아지는 현상을 말한다.

자는 2018년 한 해만 약 4만 4,000명, 사망자 145명으로 집계되었다. 전남 신안과 완도에는 최악의 폭염으로 전복과 우럭이 떼죽음을 당했는데, 원인은 고수온으로 밝혀졌다. 폭염으로 농업용수가 부족해지고 병해충이 확산되면 농산물 가격은 올라간다. 양식 폐사 피해와 수산물 조업에도 영향을 미쳐 수산물 가격도 상승한다. 축산업도 상황은 다르지 않다.

　지구온난화가 지속되면서 농업 지형도 바뀌고 있다. 현재 한반도는 봄과 가을이 짧아지고 여름이 길어지는 아열대성 기후를 보인다. 이에 따라 농산물의 주산지가 바뀌고 있다. 사과의 주산지는 경북 영천에서 강원 영월로, 녹차의 주산지는 전남 보성과 경남 하동에서 강원 고성으로, 제주도의 감귤과 한라봉은 경남 진주와 경북 포항까지, 경남 김해 단감은 경북 영덕까지 올라갔다.

[더 알아보기] 북미의 살인적인 폭염

"마치 지구의 종말을 보는 것 같다!" 이런 말이 나올 정도로 2021년 6월부터 7월 초까지 미국 서부와 캐나다에 폭염이 덮쳐 700여 명이 사망했다. 워싱턴 주지사는 "다가오는 글로벌 재앙의 서막일 뿐"이라며 혀를 내둘렀다. 미국 포틀랜드 지역에서만 역대 최고 기온인 46.7℃를 기록하며 100여 명이 사망했다. 캐나다 태평양 연안은 여름에도 에어컨 없이 살 수 있던 곳인데, 최근 50℃ 가까이 기온이 올라가면서 84년 만에 최악의 폭염이 찾아왔고 산불까지 발생해 최악의 초여름을 보냈다. 기상 전문가들은 이번 폭염의 원인도 '열돔 현상'이라고 진단했다.

기상이변은 왜 점점 많아질까?

  해가 갈수록 기상이변은 많아지고 대형화되고 있다. 대부분의 학자는 지구온난화를 주범으로 지목하고 있다. 해수면 온도 차이로 저기압이 발생해 폭우가 쏟아지기도 하고, 건조한 바람으로 유례없는 대형 산불이 일어나기도 한다. 해수면 온도가 높아지면 태풍도 강해진다. 따뜻한 바다에서 증발한 수증기가 대기의 찬 공기와 만나 응결하는 과정에서 방출되는 에너지가 태풍을 만들기 때문에, 온도가 높을수록 강력한 대형 태풍이 만들어지는 것이다. 원래 태풍은 천적인 제트기류를 만나면 기울기가 생기면서 약해지는데, 최근 제트기류가 약해지면서 태풍을 잘 막아내지 못하고 있다. 기상이변은 식량난을 가중시키고, 이재민을 발생시키고, 질병까지 확산시켜 인류의 건강과 안전, 경제까지 위협하고 있다. 최근 몇 년간 대형 재난이 거의 매년 발생했다. 그 피해 금액도 점점 커지고 있다.

- 2003년 유럽 폭염: 스페인 45.1℃, 독일 41℃, 영국 38.5℃, 사망자 약 4만 명, 작물 약 90% 피해
- 2004년 인도네시아 쓰나미: 진도 9.1 지진, 파도 높이 약 100m, 역사상 세 번째 강력한 쓰나미, 사망자 약 23만 명
- 2008년 쓰촨성 지진: 진도 8.0 지진, 사망자 7만 명, 실종자 약 1만 8,000명, 중상자 약 37만 명, 피해액 약 26조 원

- 2008년 미얀마 태풍: 190km/h 강풍, 사망자 약 14만 명, 실종자 약 6만 명, 이재민 약 240만 명
- 2010년 아이티 지진: 진도 7.0 강진, 약 50만 명의 사상자와 약 180만 명의 이재민 발생, 피해액 약 79억 달러(8.8조 원)
- 2010년 러시아 폭염: 1,000년 만의 최악의 여름, 최고 38.2℃, 16개 지역 비상사태 선포, 사망자 약 5만 5,000명 발생
- 2011년 일본 쓰나미: 진도 8.9 지진, 사망자 및 실종자 약 2만 명, 건물 파괴 약 40만 채, 피해액 약 170~265조 원

2020년에는 세계에서 가장 추운 도시로 알려진 러시아의 시베리아가 역대 최고 기온인 38℃까지 올라가 135년 만에 최고 기온을 기록했다. 스페인도 1955년 기상관측 이래 65년 만에 최고 수준인 42℃까지 수은주가 올라갔다. 우리나라는 역사상 최장 기간인 54일 동안 장마가 지속되었고 강우량도 역대 3위를 기록했다. 전문가들은 단순히 긴 장마가 아니라 기후 위기의 징후라며 목소리를 높여 심각성을 알렸다. 세계은행은 2050년이면 기후 문제로 난민이 1억 4,000만 명까지 발생할 수 있다고 전망했다. 폭염, 폭우, 폭설, 가뭄, 태풍 등 기상이변으로 인한 자연재해는 매년 증가할 것이 분명하고 천문학적인 비용이 필요할 것이다.

우리는 바다를 얼마나 파괴했을까?

지구 표면의 약 70%를 차지하는 바다는 생명 탄생의 요람이며 지구의 혈액과 같아서 생물의 생존에 큰 영향을 미치고 있다. 바다는 대기 중 이산화탄소의 25% 이상을 흡수하고 산소의 50%를 공급한다. 바다는 열 저장 능력이 대기의 1,000배나 크기 때문에 기후를 조절하는 기능까지 담당하고 있어 인류에게 큰 선물이다. 이것이 바다를 깨끗하게 유지해야 하는 이유이기도 하다.

하지만 기온 상승, 토지 간척, 해안 개발, 해양 투기 등 다양한 원인으로 바다가 산성화되거나 오염되어 해초지, 산호초, 맹그로브숲 등 바다 생물의 서식지가 빠르게 사라지고 있다. 해양 쓰레기의 80%를 차지하는 플라스틱은 매년 800만t이 바다에 버려지고 우리가 무심코 길거리에 버린 담배꽁초는 하루에 700t(약 1,246만 개), 연간 255만t(약 45억 개)이 하수구와 강을 거쳐 바다로 흘러들어간다. 플라스틱과 담배꽁초 필터는 미세 플라스틱으로 분해되어 바다 생물을 병들게 하고, 결국 먹이 사슬을 통해 인간의 입으로 들어온다.

따라서 바다가 죽으면 바다의 물고기도 죽고 인류도 위험에 처한다. 바다가 당면한 문제는 첫째, 바다의 숲이라 불리는 산호의 죽음이다. 둘째는 빙하가 녹고 수온이 상승하면서 해수면이 상승하는 문제다. 셋째는 더욱 강해진 태풍이고, 넷째는 바다 순환계 이변이며, 다섯째는 오염의 주범인 플라스틱과 어망 등이다.

지구온난화로 이미 바다 수온이 2~6℃까지 상승해 산호에 백화 현상이 일어나는 지역도 있다. 일부 지역은 산호가 90%까지 죽었고 전체적으로 이미 절반의 산호가 죽은 상태다. 이대로 가다가는 향후 30년 이내에 지구상의 산호가 모두 죽을 수도 있다고 전문가들은 입을 모은다.

지구는 지질시대를 거치면서 해수면이 수백 미터씩 변동했다. 지금은 마지막 빙하기인 약 2만 년 전의 낮았던 해수면보다 130m 높다고 한다. 우리나라는 해수면이 현재보다 120m 이상 낮아 황해는 육지로 중국과 연결되었고 좁은 대한해협을 남겨두고 대마도와 일본 열도와 하나의 육지로 통합되었다. 그러다가 1만 5,000년 전부터 해수면이 상승해 결국 지금의 모습이 되었다. 지구온난화와 극지의 만년설 해빙 등으로 해수면 온도가 계속 상승하면 미래의 한반도 지형이 어떻게 변할지 궁금하다. 해수면 온도가 상승하면 태풍의 에너지원으로 쓰이는 열에너지가 증가하면서 초강력 태풍도 더 많이 발생한다.

2004년에 개봉한 〈투모로우〉가 바로 바다 순환계 이변을 다룬 영화다. 지구온난화로 빙하가 녹아내려 열염 순환과 표층 순환이 서로 얽이면서 만들어진 해양 컨베이어 벨트가 돌지 않아 결국 지구는 빙하로 덮인다는 내용이다. 물론 실제로 일어날 가능성은 낮지만 혈

---

4 지구를 둘러싼 공기가 일정한 패턴으로 순환하듯 바닷물도 순환하면서 열과 염분을 이동시킨다. 지난 200년간 순환 속도가 늦어지거나 멈추면서 기상이변이 발생하고 있다.
5 바닷물은 바람, 밀도 차, 수면 경사 등의 원인에 따라 일정한 방향으로 흐른다. 표층 순환은 바람의 영향을 받은 바다 표면의 해수가 이동하는 것을 말한다.

액 순환이 멈춘 사람의 몸처럼 바닷물의 순환이 멈춘 지구를 상상해 보라. 끔찍한 일이다. 오스트리아 빈대학교 연구팀은 해안 토종 연체동물이 번식력을 상실해 멸종하고 대신 열대종이 번성하고 있다는 연구 결과를 발표했다. 또한 최근 50년간 산소를 전혀 포함하지 않은 바닷물이 4배가 늘고 산소 함유량이 떨어진 '죽음의 바다'도 10배나 증가했다. 해수면 온도가 올라가면 바닷물 속에 산소가 섞이는 것을 어렵게 하고 산소가 부족하면 어류 개체 수가 줄어들어 어획량도 감소한다.

가장 심각한 문제는 플라스틱과 버려진 어망 등이다. 바다 쓰레기의 절반은 어망과 같은 어업 도구이고 그다음은 플라스틱이 많다. 지난 10년간 만들어진 플라스틱이 그전 100년간 만들어진 플라스틱보다 더 많다. 대부분 플라스틱은 단 한 번 사용하고 버려진다. 이 모든 플라스틱이 어디로 갔을까? 일부는 바다로 흘러간다. 시간이 지나면 큰 플라스틱은 5mm 미만의 미세 플라스틱으로 잘게 쪼개지고 그것을 바다의 고기들이 먹어 병에 걸리거나 죽는 것이다. 실제로 손바닥만 한 바다거북의 뱃속에서 플라스틱 조각 100여 개가 나오기도 했다. 코에 빨대가 꽂힌 거북이도 발견되어 큰 충격을 주었다.

국내 주요 항구의 바다도 이미 심각하게 오염되어 어패류가 서식하기 어렵고 기형어가 잡히기도 한다. 청정 해역이던 남해안에서도 물고기들이 떼죽음을 당하고 그 지역 생선을 먹은 주민들이 집단 식

중독 증세를 보이기도 했다. 바다가 오염되면 서식하던 생선이 그대로 우리의 식탁으로 올라와 건강을 해친다. 실제로 영국 맨체스터대학교 연구팀에 따르면, 우리나라는 미세플라스틱으로 오염된 국가 상위 5위 안에 들어간다. 특히 인천 바다와 낙동강 하구가 각각 2위와 3위로 조사되었다.

플라스틱을 삼킨 바다 새 ©Chris Jordan

우리는 숲을 얼마나 파괴했을까?

숲은 기후 조절, 이산화탄소 흡수, 재해 완화, 야생동물 서식처 제공, 원목 생산, 휴양 등 인류의 생존 및 생활과 밀접하다. 하지만 기후변화가 숲에 악영향을 미치면서 인류의 생존을 위협하고 있다.

첫째, 기후변화로 가뭄이 지속되면서 산불의 위험성이 증가하고 있다. 숲에 불이 나면 다량의 탄소가 발생해 기후변화를 더욱 심각하게 만드는 악순환을 일으킨다. 산불이 나면 엄청난 양의 온실가스가 배출되지만 그만큼 온실가스를 흡수하는 기능은 떨어진다. 게다가 산림은 식량과 원자재를 공급하고 홍수를 예방하는 등 중요한 역할을 하고 있는데 산불은 그 기능마저 마비시켜버린다.

둘째, 기온이 상승하면서 식생대가 이동해 야생동물이나 식물, 곤충 등 생태계의 대혼란이 발생하고 있다. 다시 말해, 먹이사슬과 생물 다양성이 훼손되고 있다. 급격한 기후변화, 지구온난화, 재배지의 이동, 외래종 작물의 확대, 경작지 감소, 유전자 오염, 산림 파괴, 전염병 등 다양한 원인으로 생태계가 파괴된다. 생물 다양성을 보전해야 생물의 개체 수 감소 및 멸종을 막을 수 있다.

세계에서 가장 큰 규모의 숲 아마존에서는 대규모 삼림 파괴가 지속적으로 벌어지고 있다. 아마존은 남한 면적의 55배로 브라질(60%), 페루(13%), 콜롬비아(10%) 등 남미 9개 국가에 넓게 걸쳐 있다. 지구상 생물 종의 절반, 담수의 20%, 열대 지역 나무의 30%를 차지해 '생물 다양성의 보고'로 불린다. 아마존은 매년 20억 톤 이상의 이산화탄소를 흡수하는데, 이는 세계 3위 온실가스 배출국인 인도의 이산화탄소 배출량과 맞먹는 규모다. 또한 수자원뿐만 아니라 목재, 철강, 석유, 금 등 엄청난 양의 값비싼 자원을 보유하고 있다.

아마존 산림 파괴 현장

    그런데 브라질은 목장, 고무 수출, 광산 개발, 대규모 댐 건설을 위한 벌목과 방화로 아마존 밀림을 파괴하고 있다. 특히 파괴된 숲의 대부분이 목장으로 바뀌고 있다. 브라질은 1997~2016년에 쇠고기 수출이 10배 증가하면서 세계 최대의 쇠고기 수출국이 되었다. 페루는 금광 개발을 위해, 에콰도르는 유전 개발을 위해, 콜롬비아는 농업을 위해 숲을 지속적으로 파괴하고 있다. 지금도 1분마다 축구장 30개 면적의 숲이 사라지고 있다고 한다. 벌써 열대우림의 절반 정도가 사라졌고 이런 속도라면 100년 안에 지구상의 열대우림이 모두 사라질 수 있다고 전문가들은 우려한다.

    프랑스 국립농업연구소 등 국제 공동 연구팀의 발표에 따르면, 2010~2019년 10년 동안 아마존의 숲은 166억 톤의 이산화탄소를 배출하고 139억 톤을 흡수해 오히려 배출량이 19%(27억 톤) 더 많았다. 이제 '지구의 굴뚝'이 된 아마존에서 더 이상 이산화탄소 흡수원 역할에 대한 기대는 버려야 할지도 모른다.

> **[더 알아보기] 호주 산불**
>
> 2019년 9월부터 2020년 2월까지 약 5개월간 지속된 '호주 산불'의 피해 면적은 대한민국 전체 국토 면적(10만 210㎢)보다 더 넓은 12만㎢로 호주 전체 산림의 약 20%에 해당된다. 또한 약 10억 마리의 야생동물이 죽은 것으로 추정한다. 산불로 인한 이산화탄소의 배출량도 약 4억 3,000만 톤으로 전 세계 배출량의 1%에 가까운 수치. 이렇듯 산림자원은 가뭄, 폭설, 폭염, 폭우, 화재 등에 따른 산림 재해와 인간에 의한 숲 파괴가 결국 부메랑이 되어 인류의 재산과 생명을 위협한다.

남극과 북극의 빙하가 녹으면 어떤 일이 생길까?

미국 국립해양대기청(NOAA)이 발표한 연례 보고서 「2020 북극 리포트 카드」에 따르면, 2019년 10월부터 2020년 9월까지 측정한 북극 평균기온은 과거 100년간 평균기온보다 1.9℃ 높은 것으로 나타났다. 또 북극 해빙은 42년 전 인공위성으로 관측한 이래 두 번째로 좁은 면적을 보였다.

보고서가 처음 나온 2005년에는 북극 바다에 약 560만㎢의 얼음이 있었는데, 2020년 9월은 374만㎢로 약 33%가 감소했다. 10년 단위로 약 11%씩 감소한 꼴이다. 북극의 해빙은 해양 생태계에도 영향을 미칠 뿐만 아니라 태양에너지를 반사해 지구가 뜨거워지는 것을 막는 중요한 역할을 하고 있는데, 이 지역이 '녹색의 북극'으로 변하고 있는 것이다. 30년 후에도 지금과 같은 북극을 볼 수 있을지 의문이다. 빙하로 둘러싸인 남극은 지구온난화를 가장 잘 관찰할 수 있는 곳으로, 2020년 2월 사상 최초로 기온이 20℃를 넘었다. 지구가 더워지면서 거대한 빙벽에서 쉴 새 없이 얼음 조각들이 떨어져 나오는 장면이 언론에 보도되었다. 시모어섬 마람비오 연구 기지의 과학자들은 기온이 20.75℃까지 올라갔다고 밝혔다. 얼음 대륙인 남극의 기온이 이 정도면 기후변화는 이미 심각한 단계에 이른 것이다.

미국 캘리포니아대학교 연구팀이 남극의 빙하를 관측한 결과, 1979~1990년에는 연간 약 400억 톤의 빙하가 사라졌지만, 2009~2017년에는 연간 약 2,520억 톤씩 사라져 해빙 속도가 6배 이상 빨라졌다. 1979년과 2017년 사이에 해수면은 1.4cm 상승했는데, 지구온난화가 현재 속도로 진행되면 2100년에는 해수면이 1.8m까지 상승해 지구촌 각국에서 가뭄과 폭풍 등 자연재해가 더욱 심각해질 것으로 예상했다.

만약 빙하가 모두 녹으면 태평양, 대서양 등 대부분 바다의 해수면 수위가 약 66m 상승한다. 현재 서울의 평균 해발고도가 38m이니 일부 고산 지대를 제외하고는 대부분 물에 잠기는 재앙이 올 수도 있다. 국제 환경 단체 그린피스는 지금의 온실가스 배출량이 유지된다면 10년 후 우리나라 국토 5% 이상이 물에 잠긴다고 예측했다. 그러면 약 320만 명이 직접적인 침수 피해를 입고, 특히 인구의 절반이 사는 수도권에 피해가 집중된다고 보았다. 인천공항이나 김포공항을 비롯한 국가의 주요 시설들도 침수될 수 있다.

지구온난화를 막지 못하면 발생할 문제

지구온난화가 지속되면 다음과 같은 문제가 발생할 수 있다.

① 극한 기상이변으로 삶의 터전인 집과 논밭 등의 재산 피해를 입는다.

② 취약 계층은 기상이변으로 목숨이 위험해진다.

③ 기온 상승에 따른 흉작으로 식량난이 올 수 있고 재배지도 이동해 지속적인 재배가 어렵다.

④ 수온 상승으로 바다 수자원이 고갈되어 수산물 가격이 오른다.

⑤ 동물 서식지 파괴로 야생동물에 의한 전염성 질병이 창궐한다.

⑥ 인류의 식탁에 올라오는 생선, 과일, 채소 등이 건강을 위협한다.

⑦ 사막화 등으로 안전한 식수를 구하기 어렵다.

⑧ 폭염 일수의 증가로 온열 질환이 증가한다.

⑨ '기후악당국'의 오명이 지속될 경우 국내 기업의 수출이 어려워지고

탄소국경세[6] 대상이 된다.

⑩ 기상이변이 지속되면 국가의 신용 등급이 떨어지고 해외 자본의 국내
투자가 줄어든다.

⑪ 생태계 파괴, 자연재해, 삶의 터전 상실, 식량 위기는 경제 파산과 국
가 붕괴로 이어진다.

결국 지구온난화는 우리의 삶을 황폐화시킨다. 지구온난화로 발생하는 폭염, 폭우, 폭설, 혹한, 태풍, 가뭄, 황사, 초미세 먼지 등 자연재해는 우리 삶의 모든 영역에 악영향을 미치고 있다. 식량 문제, 식수 문제, 대기질의 악화로 인한 건강 문제, 코로나19를 비롯한 각종 감염병의 확산 등 온갖 문제가 발생하고 있다. 매년 전 세계에서는 영양실조 사망자 약 230만 명, 식수로 인한 사망자 약 180만 명, 말라리아 등의 감염으로 인한 사망자 약 100만 명, 자연재해 사망자 약 6만 명 등 소중한 생명이 희생되고 있다. 세계보건기구(WHO)는 "지구온난화 대응 전략의 최종 목표는 인류의 건강을 지키는 데 있다"고 밝혔다.

이렇듯 지구온난화는 우리의 재산과 건강에 막대한 피해를 주고 있지만, 우리는 지구온난화로 빙하가 녹으면 북극곰만 피해를 입는다고 생각하며 전문가들의 경고 메시지에 귀 기울이지 않는다. 하

---

6 온실가스 배출량이 많은 국가에서 배출량이 적은 국가로 상품을 수출할 때 수입국에서 적용하는
   무역 관세를 말한다.

지만 지구온난화는 지구촌 모든 사람이 깨끗한 지구 만들기에 동참하지 않으면 해결하기 어려운 과제다. 더군다나 대한민국 경제에서 수출이 차지하는 비중이 매우 높은데, 이미 세계 주요 기업들은 제품을 생산할 때 100% 재생에너지를 사용하는 'RE100'이 확인되지 않으면 상품을 받지 않겠다고 선언한 상태. 유럽연합은 탄소를 직접 배출하며 생산한 철강, 시멘트, 비료, 알루미늄, 전기 등 5개 분야에 대해 2026년부터 탄소국경세를 도입할 예정이다. 미국과 중국도 탄소국경세 도입을 추진 중이다. 우리나라는 최우선으로 탄소국경세가 부과될 국가 중 하나다. 만약 수출이 중단되면 우리나라의 경제는 불 보듯 뻔하다. 따라서 재생에너지 문제도 우리의 생존이 걸린 문제다. 당장 문제 해결을 위해 정부는 비상 대책이 필요하다.

기후변화정부간협의체 총회에서 2030년까지 2010년 기준으로 탄소 배출량의 45%를 줄이고 2050년 탄소 중립 상태를 만들어야 한다고 논의되어 매년 2010년 기준 10% 이상 배출량을 줄어야 하는 상황이다. 하지만 우리나라의 배출량 감축은 국제 기준에 턱없이 부족하다. 2020년 11월 영국에서 개최된 유엔당국총회에서 배출량 감축 최종 목표를 산업혁명 이전 수준보다 평균기온 상승을 1.5℃로 합의

---

7 2015년 프랑스 파리에서 개최된 유엔기후변화협약 당사국총회(COP21)에서 협의된 파리협약으로 신 기후 체제 시대를 시작해 참여국 195개국은 2100년까지 지구의 평균기온 상승폭을 산업혁명 이전 대비 2℃보다 상당히 낮은 수준으로 유지하기로 하고 1.5℃ 이하로 제한하기 위해 노력하기로 했다. 이에 따라 2030년까지 2010년 대비 최소 45% 감축하고 2050년에는 '넷 제로'에 도달하자는 것이다. 각국은 2020년 말 '2050 저탄소 발전 전략'을 유엔에 제출했다. 이제 각국에서는 탄소 중립을 법제화하고 목표를 달성하기 위해 다양한 노력을 기울이고 있다.

했기 때문에 우리나라는 더욱 궁지에 몰릴 수 있다. 그러나 위기는 곧 기회가 될 수 있다. 모든 국민이 동참해 환경도 살리고 에너지도 절감하고 자연재해도 예방해 좀 더 안전하고 친환경적인 삶을 살 수 있다. 또한 새로운 기후, 환경, 기상 관련 산업도 성장시켜 일자리도 창출할 수 있다.

지구 평균기온 상승 시 발생 현상

기온 상승	물
1℃	5,000만 명의 물 공급 위협
2℃	물 사용 가능성 20~30% 감소
3℃	남유럽은 10년마다 극심한 가뭄, 10~40억 명이 물 부족으로 고통
4℃	남아프리카 등 물 사용 가능성 30~50% 감소
5℃	히말라야 빙하 완전 소멸
5℃ 이상	극심한 가뭄과 사막화 지역의 확대로 물 확보를 위한 '물 전쟁'이 발발한다.

기온 상승	음식
1℃	온대 지역 곡물 생산 약간 증가
2℃	열대 지역 곡물 생산 급격한 감소
3℃	1억 5,000만~5억 5,000만 명 기아 위험
4℃	아프리카 농산물 15~35% 감소
5℃	해양 산성화 및 생태계 거의 파괴
5℃ 이상	농작물 흉년과 어류의 멸종으로 세계적인 식량난을 겪는다.

기온 상승	건강
1℃	최소 30만 명 질병으로 사망
2℃	아프리카 등 4,000만~6,000만 명 이상 질병에 노출
3℃	100만~300만 명이 영양실조로 사망
4℃	아프리카 8,000만 명 질병 노출
5℃ 이상	폭염과 질병으로 인류의 생존 자체가 불가능하다.

기온 상승	토지
1℃	영구동토 해빙, 러시아와 캐나다 건물과 도로 파괴
2℃	매년 1,000만 명 이상이 해안 침수 피해
3℃	최대 1억 7,000만 명이 해안 침수 피해
4℃	최대 3억 명 해안 침수 피해
5℃	뉴욕, 런던, 도쿄 등 침수 가능
5℃ 이상	가뭄과 사막화로 작물 재배가 가능한 토지가 거의 사라진다.

기온 상승	환경
1℃	육상 생물 10% 멸종 위기, 80%의 산호 표백
2℃	15~40%의 생물이 멸종 위기, 북극곰 멸종 위기
3℃	20~50% 생물이 멸종 위기
4℃	북극 툰트라 50% 소멸
5℃ 이상	생물 사체가 부패하면서 발생하는 황화수소가스와 메탄 등이 지구를 덮어 살아남은 생물들도 산소 부족으로 멸종한다.

기온 상승	급격한 변화
1℃	대서양의 열 염분 순환이 약해지기 시작
2℃	해수면 7m까지 상승
3℃	대기 순환의 급격한 변화
4℃	서남극 빙상의 붕괴
5℃	대서양 열 염분 순환이 붕괴
5℃ 이상	온실가스 배출이 계속되면 지구 평균기온이 5℃보다 더 상승할 수 있고, 이로 인한 엄청난 혼란과 대규모 인구 이동 등 재앙의 결과는 누구도 예측하기 어렵다.

2장
기후변화와 생태계의 영향

물 부족 현상은 얼마나 심각할까?

지구라는 행성에 생물이 존재할 수 있는 이유는 물이 있기 때문이다. 지구에 물이 없다는 것은 상상만 해도 끔찍하다. 그런데 지구상의 물을 모두 사용할 수 있는 건 아니다. 물 전체의 97.5%는 먹을 수 없는 해수이고 2.5%만이 담수이다. 게다가 담수 중 99.23%는 빙하이기 때문에 실제 사용 가능한 것은 담수의 0.77%에 불과하다.

물은 국민의 건강한 삶과 생태계 보전을 위해서도 중요한 자원이므로 모든 국가에서 물 문제를 국가 안보 차원에서 다루고 있다. 각국은 안전한 물 공급을 정책의 우선순위에 두고 이수(물을 필요한 곳에 이용하는 것)와 치수(홍수나 가뭄 등 물로 인한 피해를 막는 것) 대책에 심혈을 기울이고 있다.

그럼에도 지구촌 곳곳에서는 가뭄과 홍수가 점점 더 심해지고 물은 더욱 부족해지고 있다. 이는 기후변화로 물의 순환과 분포가 달라진 결과다. 2050년에는 세계 인구의 40%가 심각한 물 부족 사태를 겪을 것으로 예상된다. 대규모 홍수와 극단적 가뭄이 증가함에 따라 안전한 수자원 확보가 최우선 과제가 되었다. 특히 후진국이나 취약 계층은 직접적인 위협을 받는다. 일부 국가는 몇 년째 가뭄이 지속되어 경제적 피해가 극심하다. 현재 지구 인구의 25%가 물 부족 피해를 겪고 있다. 브라질 상파울루는 수돗물이 말라버리고, 멕시코의 수도 멕시코시티는 지하수를 너무 많이 뽑는 바람에 도시의 지반이 조금씩 내려앉고 있다.

인류가 사용 가능한 모든 물을 써버릴 경우 심각한 가뭄과 재앙이 올 수 있으므로 지금부터라도 물을 절약해야 한다. 이제 우리는 물을 돈 주고 사 먹는 시대에 살고 있는데, 세계자원학회(WRI)는 우리나라를 '물 스트레스 국가'로 분류했다. 경제협력개발기구(OECD)는 "한국은 반세기 안에 물 부족에 직면하게 될 것"이라고 경고했다.

또한 세계 여러 지역에서 일어날 물 분쟁을 예고하는 『물 전쟁』(생각의나무, 2003)이라는 도서가 출간되기도 했다. 이 책은 인도의 저명한 물리학자에서 환경학자로 변신한 반다나 시바의 저서로, 댐 건설, 광산 개발, 양식 사업에 거대 기업이 개입하는 과정과 이에 따른 자원 고갈을 고발한다. 또한 여러 나라가 물 자원을 서로 차지하려고 분쟁을 일으키고 있는 현실을 다룬다.

이집트 대통령은 "우리의 생존은 100% 나일강에 달려 있다. 누구든 우리의 생존을 약탈하려고 한다면 조금도 망설이지 않고 전쟁을

할 것"이라고 엄포를 놓았다. 나일강 상류에 위치한 에티오피아가 건설 중인 르네상스 댐에 물을 저장하기 시작하면서 양국은 첨예한 신경전을 벌이고 있는데 수단까지 물 분쟁에 끼어들었다. 수단도 에티오피아에서 물을 가두면 피해국이 되기 때문이다.

에티오피아의 르네상스 댐

이처럼 지구상에 제3차세계대전이 벌어진다면 바로 '물 전쟁'이 될 것이라고 예고한다. 우리나라도 물 부족 사태를 대비해 물을 관리하거나 재활용하는 방법을 강구해 물 문제를 해결하는 것이 시급하다.

인류보다 먼저 출현한 곤충의 미래는?

고생대(약 5억 7,000만 년 전~2억 4,000만 년 전)와 중생대(약 2억 4,500만 년 전 ~약 6,500만 년 전)에 곤충이 존재했다는 사실이 화석을 통해 밝혀졌다. 30만 년 전 최초 인류의 유골이 발견된 것과 비교하면, 곤충은 어마 어마하게 긴 역사를 가지고 있다. 고생대 말에 '생물 대멸종'이 있 었는데 아직까지 곤충들이 존재한다는 것은 참으로 놀라운 일이다. 이렇게 인류보다 더 오랜 기간 생명을 유지해온 곤충들도 최근 급 격히 개체 수가 감소하고 있어 전문가들은 우려의 목소리를 높이고 있다.

　얼마 전 영국 서섹스대학교 연구진은 꽃가루받이, 유기물 분해, 다른 동물의 먹이 공급 등 생물 다양성의 중요한 역할을 하는 지구 상의 곤충 약 100만 종 가운데 40% 이상이 멸종 위기에 처해 있다고 발표했다. 지구촌 동물 중 약 70% 이상을 차지하는 곤충의 개체 수 도 급속히 줄고 있어 곤충을 먹이로 하는 척추동물도 감소하고 있 다. 즉, 먹이사슬 생태계가 급속하게 무너지고 있다는 말이다. 농약 의 과다 사용도 문제지만 기후변화에 따른 생태계 변화에 적응하지 못해 곤충이 절멸하고 있다.

　독일의 한 곤충학자는 곤충의 포획 장치를 통해 분석한 결과 27 년간 곤충의 75%가 줄었다고 한다. 곤충학자들은 "만약 우리가 세 상에서 곤충을 모두 없앤다면 우리도 죽게 될 것"이라고 경고한다. 척추동물의 약 60%는 생존을 위해 곤충이 필요하다고 한다. 곤충의 감소로 척추동물도 개체 수가 계속 감소하고 있다.

① 꿀벌의 멸종

꿀벌도 전 세계적으로 감소하고 있다. 꿀벌의 소멸은 기후변화의 심각성을 대변한다. 아인슈타인도 "꿀벌이 사라지면 인류는 4년 내로 멸망한다"고 말했다.

꿀벌은 몸에 꽃가루를 묻히고 다니면서 꽃에 수분이 이루어지게 한다. 지구상 현화식물(꽃이 피는 식물) 80%의 수분을 담당하고 있다. 유엔 보고서에 따르면, 세계 식량의 90%를 충당하고 있는 100여 종의 작물 가운데 70여 종이 꿀벌의 수분에 의해 성장한다고 한다. 경제적 가치로 따지면 꿀벌은 전 세계에서 연간 약 1,530억 달러(한화로 약 170조 원)의 어마어마한 이익을 주고 있다. 하지만 꿀벌이 사라지면 우리가 가장 즐겨 먹는 사과, 수박, 딸기, 포도, 복숭아, 귤 등과 블루베리, 고추, 호두 등이 사라질 수 있다. 결국 인류는 치명적인 식량 부족을 겪게 된다.

실제로 꿀벌은 1990년대부터 서서히 줄기 시작해 2000년 이후에는 떼죽음을 당하는 경우가 많았다고 한다. 그 원인은 정확히 밝혀진 게 없지만, 농약, 기후변화, 초원 감소 등으로 추정하고 있다. 꿀벌의 멸종은 인류의 생존과 직접적으로 관련이 있는 만큼 우리는 꿀벌 개체 수 감소 문제에 더욱 관심을 기울여야 한다.

② 메뚜기 떼의 습격

기후변화에 따라서 곤충의 개체 수는 감소했지만 인간에게 질병을 옮기는 해충(害蟲)은 급속히 증가하고 있다. 인류의 식량난에 악영향을 끼치는 '메뚜기 떼의 공습'이 대표적 사례. 건조한 장마 등 기후변화로 메뚜기가 서식하기 좋은 환경, 까치 등 천적인 조류 개체수의 감소, 친환경 농업을 위한 농약 살포 감소 등으로 가끔씩 대규모 메뚜기 떼가 출현한다.

2014년 우리나라 전남 해남에 수십억 마리의 메뚜기 떼가 농경지를 초토화시킨 적이 있다. 2020년 1월 파키스탄 정부는 20여 년 만에 최악의 메뚜기 떼 습격으로 비상사태를 선포했고, 소말리아 정부도 2020년 2월 메뚜기 떼와 관련해 비상사태를 선포했다. 특히 사막메뚜기는 성인 손가락 정도로 크고 하루에 자신의 몸무게 2배 이상의 작물을 먹어 치운다. 메뚜기는 개체 수가 워낙 많아 현실적으로 방

2014년 마다가스카르를 덮친 메뚜기 떼 ©lwoelbern

제가 어렵다. 그래서 코로나19보다 더 무섭다는 말도 나온다. 우리나라에도 언제 또다시 메뚜기 떼가 날아올지 알 수 없으므로 철저한 분석과 대비가 필요하다.

코로나19는 어디서 왔을까?

조효제의 『탄소 사회의 종말』(21세기북스, 2020)에서 "코로나19는 에볼라, 니파, 사스, 신종플루, 메르스 등 신종 감염병의 최신 버전이면서 기후변화와 깊이 연결된 현상"이라고 지적했다. 산림 벌채, 광산개발, 댐 건설, 도로 건설, 농장 조성 등을 위해 세계 각국은 야생동물의 서식지를 무차별 파괴했다. 서식지와 생태계가 무너지면서 생물들이 급격히 감소했는데, 이처럼 생태계가 단순화될수록 병원체의 확산은 커진다고 보았다.

기후 환경이 급속하게 바뀔 때 병원체는 새로운 숙주를 찾아다니므로 결국 인간이 병원균에 감염될 가능성이 높아진다고 한다. 2009년에 개봉한 영화 〈더 소우 − 해빙〉(The Thaw)에서 북극곰은 해빙으로 노출된 매머드(선사시대에 살았던 코끼리의 일종, 지금은 멸종한 동물)를 뜯어 먹었는데, 그 속에 있던 적어도 수만 년 전의 기생충도 자연스럽게 먹게 되었다. 이 기생충으로 북극곰이 죽고 북극곰을 연구하던 인간도 감염되어 죽기 시작한다는 것이 이 영화의 스토리다. 고대 기생충은 생물체 몸속으로 들어가 알을 낳고 번식하면서 기생한다. 실제로 2016년 러시아 시베리아에서 갑자기 탄저병이 발생해 주민이 사망하고 순록이 떼죽음을 당하는 일이 발생했다. 영구동토층이 녹으면서 그 속에 기생하던 바이러스에 인간과 동물이 감염된 것이 원인으로 밝혀졌다.

앞으로는 코로나19처럼 그동안 인류가 듣지도 보지도 못한 새로운 바이러스 병원균이 수없이 등장할 것이다. 지구온난화가 지속되면 언제든지 인류는 바이러스의 위협에 노출될 수 있다. 영구동토층이 녹으면 바이러스만 문제가 아니다. 얼음 속에 갇혀 있던 이산화탄소와 메탄 등이 대기 중으로 나와 지구온난화를 더욱 가속화시킨다. 과학자들은 영구동토층에 저장된 탄소량이 약 1조 6,000억t에 달할 것으로 추정한다. 현재 대기 중에 존재하는 탄소량의 2배에 가깝다. 따라서 우리는 지구온난화 문제와 더불어 영구동토층에 대한 연구와 대응도 시급히 준비해야 한다.

미세 먼지는 인체에 어떤 영향을 미칠까?

미세 먼지 발생은 자연적 발생과 인위적 발생으로 구분할 수 있다. 자연적 발생의 원인은 화산재, 산불 연기, 꽃가루, 황사, 곰팡이 포자, 흙먼지 등이다. 인위적 발생의 원인은 자동차 배기가스, 화석연료 사용, 공장 매연, 건설 현장의 분진, 소각장 연기, 담배 연기, 가정 내 조리 시 연기 등이다. 미세 먼지는 눈에 보이지 않을 정도로 입자가 작은 먼지를 가리킨다. 이는 아황산가스, 질소산화물, 납, 오존, 일산화탄소 등을 포함하는 대기오염 물질로 대기 중 장시간 떠다니는 입경 $10\mu m$ 이하의 미세 먼지를 말하며 PM10이라고 한다.

온실가스 배출이 많아지면 대기의 흐름에 영향을 주고 제대로 순환하지 못하는 미세 먼지가 공중에 머물면서 각종 호흡기 질환을 일으킨다. 우리가 카페에서 흔히 사용하는 종이컵에 85~90℃ 온수를 $100m\ell$를 부어 15분이 지나면 마이크로플라스틱이 약 2만 5,000개가 커피 속으로 들어간다는 연구 결과도 있다. 즉, 매일 넉 잔의 커피를 종이컵에 담아 마시면 하루에 10만 개의 미세 플라스틱을 섭취하는 셈이다. 종이컵에 코팅된 필름에서 불소, 염화물, 산염, 질산염 등의 이온이 커피에 녹아들기 때문이다.

미세 먼지는 사람뿐만 아니라 농산물 등 환경 전반에도 영향을 미친다. 대기 중 미세 먼지는 아산화질소, 아황산가스 등을 포함하고 있어 산성비를 내리게 한다. 이는 토양을 황폐화시키고 생태계에 피해를 주고 식물의 생육을 저해한다. 미세 먼지가 반도체나 디스플레이 등 청결을 요하는 산업에 노출되면 불량이 발생하기도 한다. 미세 먼지로 발생할 수 있는 각종 질병은 폐 손상, 기관지염, 알레르기성 비염, 결막염 등으로 특히 노인, 영유아, 임산부는 일반인보다 더 많은 영향을 받는다.

국내 한 연구진은 차량 통행이 빈번한 도로변에 사는 어린이들이 폐 기능이 떨어져 호흡기 질환 위험이 크다고 했다. 경상남도는 도내 일부 초등학교에 미세 먼지 측정기를 설치하고 미세 먼지 농도별 대응 방법을 교육했다. 또 모바일 앱을 통해 실시간으로 측정된 데이터(온도, 습도, 미세 먼지)를 공유하고 대응할 수 있도록 조치했다. 화석연료 사용을 줄이면 대기 오염 물질과 미세 먼지를 줄이고 기후변화에도 대응할 수 있다. 지금이라도 우리의 생명과 건강을 위한 다양한 저감 운동이 시급하다.

[더 알아보기] 조리 시 발생하는 오염 물질

- 일산화탄소(CO): 혈액 중 산소와 반응해 산소 결핍에 따른 각종 질병 노출
- 이산화질소(NO_2): 호흡 시 헤모글로빈의 산소 운반 능력을 떨어뜨리며 기관지염 등 호흡기 질환 유발 가능
- 미세 먼지(PM10, PM2.5): 호흡기를 통해 폐기능 저하, 면연력 약화 초래
- 휘발성 유기화합물(VOCs): 호흡기나 눈을 자극, 두통, 혈액 장애, 빈혈 유발
- 폼알데하이드(HCHO): 눈·코·목 등을 자극, 발암성 물질

기후변화와 전염병의 상관관계는?

인류의 역사는 동물과 함께 진화했다. 특히 가축은 농업 생산성을 높이고 동물성 단백질을 공급하는 역할을 해왔다. 하지만 가축으로 인한 질병도 많다. 홍역, 결핵, 천연두 등은 소에서 감염되었고, 백일

해, 인플루엔자는 돼지에게서, 에이즈(후천성면역결핍증)는 야생 원숭이가 가진 바이러스의 변종이다. 사람과 동물이 함께 감염되는 인수공통전염병은 지금까지 약 250여 종으로 알려져 있다.

① 기후 조건에 따른 질병 확산

온도, 습도, 강우 등이 감염병 확산에 영향을 주고 있다. 병원균이 서식하기 좋은 환경이 만들어지고 지구온난화로 열대성 병원균 서식지가 점차 북쪽으로 이동하고 있는 것으로 파악된다. 실제로 1999년 이후 북미 지역에서 말라리아, 뎅기, 웨스트 나일 바이러스 등이 모기에 의해 전염되어 사망하는 환자가 늘고 있다. 또한 따뜻한 기온으로 감염 속도가 가속화되고 감염 지역도 빠르게 확산되고 있다. 비브리오 불니피쿠스균은 따뜻한 멕시코만 해역에서 주로 서식하는 것으로 알려졌는데, 멕시코만보다 북쪽에 위치한 발트해에서 비브리오패혈증으로 사망한 사례가 발생했다.

한국보건사회연구원은 지구의 연간 평균기온이 1℃ 오를 때마다 전염병 발생률이 4.7% 증가한다고 발표했다. 특히 쯔쯔가무시, 말라리아, 세균성 이질, 장염 비브리오, 렙토스피라 등의 질병에 걸릴 확률도 높다. 지구온난화로 더운 지역에 서식하는 모기가 확산하면서 바이러스도 전 세계로 확대되고 있다. 지카 바이러스는 아프리카에서 아메리카로, 치쿤구니아 바이러스는 아프리카와 동남아시아에서 아열대 지역과 서반구로, 웨스트 나일 바이러스는 우간다에서 캐나다로 전파되었다.

2011년 개봉한 영화 〈컨테이젼〉(Contagion)이 코로나19를 연상시키면서 또다시 주목을 받고 있다. 이 영화는 원인 불명의 바이러스가 전 세계로 퍼지면서 수많은 사람이 사망하고 대혼란을 초래한다는 내용을 담고 있다. 공장을 건설하기 위해 숲을 파헤치고 서식지를 잃은 박쥐가 축사로 날아들어 돼지에게 바이러스를 옮긴다. 바이러스에 감염된 돼지는 도축되고 돼지고기를 맨손으로 요리한 요리사가 최초의 인간 감염자가 된다. 야생동물에 의한 감염 경로를 잘 그려낸 영화라 할 수 있다.

'바이러스의 저수지'로 불리는 박쥐의 몸속에는 137종의 바이러스가 존재한다고 알려졌다. 인간은 숲과 동물을 정복하면서 야생동물과 거리가 가까워지기 시작했다. 아마존과 같은 밀림 지역도 대규모 개발을 위해 벌목과 방화가 지속되면서 야생동물의 서식지가 파괴되고 있다. 유행성 전염병의 원인 중 약 70%가 야생동물이라고 한다. 에이즈 바이러스는 유인원(원숭이, 고릴라, 침팬지, 오랑우탄 등), 조류인플루엔자는 새, 신종플루는 돼지, 사스와 에볼라 바이러스는 박쥐에서 옮겨 왔다.

사막화, 해수면 상승, 환경오염 등으로 야생동물이 서식지를 이동하면서 결국 인간의 주거지까지 침입하기 시작했다. 또한 가축에게 먹이는 항생제의 남용과 비위생적 환경도 인류의 건강에 피해를 주게 되었다. 사람 간에 전염되면 '전염병', 다른 매개를 통해 전염되면 '감염병'이라고 한다. 최근에는 인수공통감염병(동물과 사람 사이에 상호 전파되는 병원체에 의해 발생하는 전염병)이 증가했다. 에볼라, 살모넬라, 조류 독감, 돼지 독감, 스페인 독감과 같은 인수공통감염병은 공기, 물, 타액 등 다양한 경로로 전파되고 결국 사람들 간에도 전염되므로 세심한 주의가 필요하다.

③ 폭염에 의한 질병

여름철 폭염 일수가 점차 증가하면서 열사병과 일사병, 탈수 관련 합병증이 증가하고 있다. 특히 만성 폐질환이 있거나 심장 또는 신장에 질병이 있는 환자들에게는 더 큰 영향을 미친다. 기존 질환을 악화시키고 정신질환까지 유발할 수도 있다. 국내에서도 2018년 폭염에 의한 발병자가 4,500여 명으로 그중 50여 명이 사망했다. 세계보건기구는 기후변화로 발생하는 질병의 88%는 5세 미만의 어린이가 걸린다고 밝혔다. 따라서 여름철에 어린이들은 장시간 고온에 노출되지 않도록 각별히 주의해야 한다.

향후 지구 평균기온은 지속적으로 상승할 것으로 예상되어 이런 질병에 노출될 가능성도 높아진다. 지구 평균기온이 2℃ 상승하면 대가뭄과 대홍수, 대형 태풍이 많아지고 북극의 빙하가 녹으면서 해수면도 상승한다. 사람도 체온이 2℃ 이하로 상승하면 몸이 스스로 조절하거나 약으로 다스릴 수 있다. 그러나 2℃ 이상 높아지면 병원에서 입원 치료를 하거나 수술을 해야 한다. 지구 온도가 1.5℃ 이상 상승하지 않으면 지구 스스로 치유가 가능하지만 2℃라는 임계치를 넘어서면 치유 능력이 상실된다. 사람은 수술할 의사라도 있지만 지구는 수술할 의사가 없다. 지구 온도의 상승을 지연시켜서 1.5℃ 이상 올라가지 않아야 인류가 안전하게 생존할 수 있다.

다큐멘터리로 본 지구 위기의 증거

기후 위기의 서막, <빙하를 따라서>

다큐멘터리 〈빙하를 따라서〉(Chasing Ice, 2012)는 환경 사진을 전문적으로 찍는 내셔널지오그래픽 사진작가 제임스 발로그가 직접 현장 영상을 담은 작품이다. 그는 처음에 기후변화를 한눈에 볼 수 있는 사진을 찍어 오라는 임무를 받고 북극으로 갔지만 별 관심도 믿음도 없었다. 그러다가 헬리콥터, 카누, 개썰매 등을 타고 3개 대륙을 횡단하는 젊은 모험가들과 2005년부터 수년간 북극 지방을 다니며 극적인 장면들을 카메라에 담으면서 지구온난화 때문에 극지방의 빙하가 빠른 속도로 해빙되고 있는 모습을 보고 큰 충격을 받았다.

짧게는 3개월에서 길게는 4년 6개월 동안 25대의 카메라로 저속 촬영한 이 다큐멘터리는 실제 알래스카 빙하가 3년 동안 4*km*나 녹아내린 빙하의 급속한 붕괴 현장을 영상에 담았다. 우리가 막연하게나

마 알고 있던 북극곰의 위기가 영상 속에서 펼쳐져 큰 충격을 주었다. 이 다큐멘터리는 지구의 얼음이 얼마나 빠른 속도로 녹아내리고 있는지 시각적으로 보여주며 인류가 직면한 위기 상황을 충분히 증명했다.

제임스 발로그는 "우리는 기후변화가 지금 우리가 지구에 사는 짧은 기간에는 일어나지 않을 것으로 생각한다. 하지만 기후변화는 당장 일어나고 있고 급속도로 가까이 다가올 수 있다. 우리는 지금 지질학적 변화의 시대에 살고 있는데, 그 변화의 원인 제공자는 인간이다"라고 말하면서 인류가 자초한 위기 상황을 전 세계에 알리고 증명하는 데 기꺼이 희생했다. 그런데 이 영상은 이미 10년 이상 된 과거의 장면이다. 물론 지구온난화의 피해 현장에서 기후 위기의 서막을 알렸지만, 다큐멘터리 제작 이후 북극은 더 빠른 속도로 녹아내렸을 것이 분명하다. 지금 그 현장은 어떤지 더욱 궁금해진다.

소에 관한 음모, <카우스피라시>

<카우스피라시>(Cowspiracy, 2014)는 축산업이 환경에 미치는 영향을 조사하고 이 문제에 관한 환경 단체의 의견과 정책을 다룬 다큐멘터리다. 보통은 지구온난화를 이야기할 때 화석연료를 사용하는 공장이나 교통수단의 배기가스를 가장 먼저 떠올린다. 하지만 이 다큐멘

터리는 축산업이 야기하는 온실가스 배출, 환경 파괴, 생물 다양성 훼손 등을 다각도로 조명했다.

우선 목장을 만들려면 넓고 평평한 목초지가 필요하다. 때로는 산을 깎거나 벌목하거나 숲을 훼손해야 한다. 숲은 지구온난화 속도를 늦춰주는 곳이자 야생동물의 서식처이기도 하다. 하지만 지금은 '지구의 허파'라고 불리는 아마존 숲이 무분별하게 파괴되고 있다. 소를 키우려면 먹이를 위한 식량 재배지도 필요하다. 소 한 마리는 하루에 약 $60kg$의 풀을 먹고 130ℓ의 물을 마셔야 한다. 가축의 배설물은 환경을 오염시키고 소가 배출하는 메탄가스는 대기를 심각하게 오염시킨다.

『빌 게이츠, 기후재앙을 피하는 법』(2021, 김영사)에서 이산화탄소 배출원별 발생량을 보면, 시멘트, 철강, 플라스틱 등을 만드는 것에서 31%, 전기를 생산하는 것에서 27%, 식물, 동물 등을 기르는 것에서 19%, 비행기, 트럭, 화물선, 자동차 등 이동하는 것에서 16%, 냉난방에서 7%라고 한다. 이에 따르면 교통수단의 배기가스보다 가축과 식물을 키울 때 발생하는 온실가스가 더 많다는 사실을 알 수 있다. 가축이 내뿜는 메탄가스는 이산화탄소보다 지구온난화지수[8]가 21배나 더 크다.

현재 지구촌 총인구는 약 78억 명이고, 2030년에 약 90억 명, 2050

---

8 지구온난화지수(global warming potential)는 온실가스별로 지구온난화에 기여하는 정도를 나타내는 지수다. 이산화탄소를 1로 보았을 때 메탄은 21, 아산화질소는 310, 수소불화탄소는 140~11,700(13종류), 과불화탄소는 6,500~9,200(7종류), 삼불화질소(NF3)는 17,200, 육불화황(SF6)은 23,900이다.

년에 약 100억 명에 이를 것이라고 예측한다. 이렇게 인구 증가와 더불어 육식 섭취량을 늘리면 지구촌 전체 육지를 가축을 위한 목장으로 확장해도 모자란다. 쇠고기 1kg을 만드는 데 물 1만 5,500ℓ가 필요하다. 이는 1.8ℓ 페트병 8,611개의 물을 아끼는 셈이다. 지구촌 물의 30%가 무언가 키우는 데 사용하고 있는 것에 반해 가정에서 사용하는 물은 5%밖에 되지 않는다.

소 한 마리가 하루에 내뿜는 메탄가스는 200ℓ인데, 이는 이산화탄소 4,000ℓ에 해당된다. 그린피스의 발표에 따르면 가축 방목에 사용되는 토지는 지구 표면의 약 26%에 달한다고 한다. 브라질은 아마존 숲을 파괴하고 거의 90%를 소 목장으로 사용한다. 2021년 5월 2일 「네이처 기후변화」의 발표에 따르면, 과거 10년 동안 아마존에서 이산화탄소를 배출한 양이 흡수한 양보다 20% 더 많은 것으로 조사되어 충격을 주었다. 이제 아마존은 '지구의 허파'가 아니라 '지구의 굴뚝'으로 변신하고 있다. 이산화탄소 흡수원이 사라질 뿐만 아니라 벌목과 산불로 인한 이산화탄소 발생, 원시림 부족 거주지 파괴, 야생동물 서식지 파괴, 가축의 메탄 발생, 가축 먹이용 재배지 사용, 가축이 먹는 물, 가축의 배설물로 인한 수질오염 등 많은 문제를 야기한다. 열대우림은 1초에 4,000㎡씩 사라진다고 한다. 이렇게 숲 파괴가 지속되면 아마존은 앞으로 10년 내에 자취를 감출지도 모른다.

글로벌 환경 연구소인 월드서치의 「2009년 월드서치 보고서」에서 가축을 위한 온실가스 배출은 전체 배출량의 51%에 이른다고 발표했다. 산림 파괴, 가축의 물 소비, 목장 사용 부지, 동물 서식지 파괴, 목장을 위한 산불, 이산화탄소 흡수원 파괴, 가축 먹이 재배, 유전자 조작, 화학비료 사용, 가축의 메탄가스 방출 등 직간접적인 모든 요인을 고려할 때 온실가스 최대 배출원은 축산업이라고 한다.

육류와 유제품 소비가 증가하면 자연히 숲 파괴와 지구온난화도 가속화된다. 38ℓ의 우유를 생산하는 데 3,800ℓ의 물이 소모된다. 100배의 물이 더 필요한 것이다. 인류는 하루에 200억ℓ의 물을 마시고 952만t의 음식을 섭취한다. 그런데 인류가 기르는 동물 약 700억 마리 가운데 약 15억 마리의 소는 매일 1,700억ℓ의 물을 소비하고 6,123만t의 먹이를 해치운다.

영양 섭취 등을 위해 인류가 육식을 섭취하는 것은 당연한 일이다. 하지만 지나친 육류 중심의 식단과 증가하는 인구로 인해 육식 수요를 충족하기에는 턱없이 부족하다. 우리의 식탁을 채식 중심으로 바꾼다면 현재 토지 사용을 18분의 1로 줄일 수 있다고 한다. 이제부터라도 채식과 육식의 적절한 조절이 필요하지 않을까?

환경 위기의 현장, <플라스틱, 바다를 삼키다>

〈플라스틱, 바다를 삼키다〉(A Plastic Ocean, 2016)는 크고 작은 플라스틱 쓰레기로 오염된 바다가 고래의 생명을 위협한다는 내용을 통해 바다 쓰레기의 위험성을 경고한 다큐멘터리다. 조각조각 부서진 '미세 플라스틱'은 아무리 작아도 잘 썩지 않는다. 미세 플라스틱은 플랑크톤이나 작은 물고기의 몸속으로 들어간다. 플랑크톤이나 작은 물고기는 다른 큰 어류의 먹이가 되고, 인간은 그 큰 어류를 먹는다. 미세 플라스틱이 결국 인간의 몸속으로 들어오게 되는 것이다.

대왕고래가 엄청난 양의 먹이를 빨아들일 때 쓰레기도 입안으로 들어간다. 이 고래들은 몸속에 플라스틱이 가득 찬 채로 죽거나 비닐 쓰레기에 기도가 막혀 죽기도 한다. 실제로 손바닥만 한 새 알바트로스의 배에서 미세 플라스틱 200여 개가 나오기도 한다. 학자들은 이미 바다의 87%가 오염되었다고 하면서 바다로 배출된 플라스틱을 완전히 수거하는 것은 불가능에 가깝다고 말한다. 플라스틱 쓰레기로 가장 큰 피해를 보는 것은 바다에 서식하는 생물이지만 저개발국도 쓰레기에 의한 피해와 고통이 더 심하다. 남태평양 섬나라 투발루의 주민은 섬 대부분을 점령한 플라스틱 쓰레기 때문에 불임이 증가하고 건강도 위협받고 있다고 증언했다.

이 다큐멘터리는 전 지구적 환경문제의 주범으로 부각된 플라스틱의 문제점을 다룬다. 지금도 무수히 생산되는 플라스틱이 어떻게 생태계를 위협하는지 생생하게 보여준다. 사실 우리는 평상시 바다를 가까이에서 보기도 힘들고 그렇게 망망대해가 오염되거나 동물이 학대된다는 사실도 잘 모른다. 고래가 비닐 쓰레기로 소화기관이 막혀서 죽고, 거북이가 플라스틱 탓에 잠수를 못한다고 누가 상상이나 했을까? 일부러 그런 것은 아니지만 우리가 무심코 한 일이 이렇게 애꿎은 동물들을 죽음으로 몰고 있다니 참으로 안타깝기 그지없다.

우리나라는 세계에서 플라스틱을 비교적 많이 사용하는 나라에 속한다. 2018년 기준 우리나라의 연간 플라스틱 사용량은 632만 5,000t으로, 500ml 페트병으로 우리나라를 다섯 번이나 덮을 수 있는 엄청난 양이다. 500ml 페트병 한 개가 완전히 분해되는 데 500년이 걸리지만 우리는 죄책감이나 문제의식이 약한 편이다. 분리수거를 해도 재활용되는 비율은 30%를 조금 넘어선다. 상황이 이 정도인데도 플라스틱 감축 계획을 실시하지 않는 기업이 많다. 재생 가능한 소재를 개발하거나 재활용을 실천하는 기업을 가려서 소비자들이 기업의 흥망을 좌우해야 이 문제는 해결된다. 국가에서도 강력한 제도적 정책이 필요하다. '플라스틱세'를 신설해야 한다는 일부 전문가들의 의견도 탄력을 받고 있다.

독일에 좋은 사례가 있다. 1991년 제정된 이른바 '용기 포장령(용기 포장 폐기물의 회피 및 재이용을 위한 법규명령)'에서 용기 포장 폐기물의 재활용 시스템을 정하고 있다. 배출되는 용기 포장 폐기물의 처리 책임은 생산자에 있다고 규정한다. EPR(생산자책임재활용제도)에 의해 생산자 책임을 명확히 하는 것이다.

바다의 숲이 사라진다, <산호초를 따라서>

〈산호초를 따라서〉(Chasing Coral, 2017)는 산호초의 대량 학살 현장을 고발한 자연재해 다큐멘터리로 아름다운 산호초가 죽은 바닷속 재앙을 보여준다. 이 다큐멘터리는 지난 30년간 전 세계 산호초의 50%가 죽었다는 사실을 알린다. 이대로 가다가는 향후 30년 이내에 산호초가 전멸한다고 한다. 산호초가 죽으면 바다가 죽고 바다가 죽으면 바다의 생물도 죽는다. 나아가 바다에 의존해 살아가는 인간도 죽을 수 있다. 다큐멘터리에 등장한 어느 생물학자는 "한 세대 이내 인류는 멸망할 것"이라는 끔찍한 경고를 내린다.

산호초가 죽는 이유는 지구온난화 때문이다. 해수가 태양열을 흡수해 해수 온도가 높아지면 산호는 바로 영향을 받는다. 이 다큐멘터리에서는 지구온난화에 따른 백화현상으로 산호초 군락이 급속하게 죽어가는 모습을 적나라하게 보여준다. 수온이 정상 범주를 조금만 벗어나도 내부의 미세 조류는 광합성으로 영양분을 공급하는 기능이 떨어져 결국 영양 부족으로 죽어버린다.

산호는 인간의 질병을 치료하는 신약에도 소중한 재료가 된다. 산호의 뿌리에서 나오는 브리오스타틴은 항암 작용도 한다. 대기층에 갇힌 열 93%는 바다로 가는데 바다가 흡수하지 않으면 지구의 평균 기온은 50℃가 될 수 있다고 주장하는 학자도 있다. 아름다움의 극치를 보여주는 산호를 비롯한 해양생태계를 살려야 하는 것은 인류의 숙제다. 다큐멘터리는 "지난 30년 동안 바다의 온도는 2℃ 상승했다. 사람의 체온이 2℃ 이상 오르면 위험한 것처럼 최근 30년 동안 지구상의 산호 절반이 소멸했다. 30년 뒤 산호가 모두 멸종하면 산호에 서식하던 해양 생물도 전멸할 것이다"라는 자막과 함께 막을 내린다.

바다의 산호초는 비교하자면 육지의 숲과 같다. 육지의 숲은 동물들이 서식하고 인간도 산소를 공급받거나 심신의 치유를 얻는 소중한 자산이다. '바다의 숲'이라 불리는 산호초도 물고기 25%가 서식하고 약 5억 명 이상의 인류에게 식량의 원천이 되고 있다. 태풍이 올 때는 이를 막아주는 방파제 역할도 한다. 하지만 사람들은 해양 생태계의 역할을 망각하고 무관심한 듯하다. 심지어 우리가 버린 쓰레기가 바다를 오염시켜 수많은 어류를 죽이고 있다.

미국 플로리다주 앞바다의 산호초는 이미 90% 정도 소멸했고, 한 해만에 29%가 소멸한 지역도 있다. 이처럼 최근 바다 수온 상승으로 급속하게 산호초가 소멸하고 있다. 다큐멘터리를 제작한 다이버와 산호초 전문가들은 "인류가 저지른 대량 살상"이라고 표현했다. 이들은 호주 북동부에 위치한 세계 최대 산호초 지역인 그레이트 베리어리프에서 4개월간 산호초를 수중촬영하면서 이렇게 처참한 광경은 처음이라며 매일 죽어가는 산호초를 보면서 눈시울을 적셨다.

바다를 둘러싼 음모, <씨스피라시>

〈씨스피라시〉(Seaspiracy, 2021)는 싹쓸이 남획 등 과도한 어업 활동으로 성어(성숙해 생식력을 갖춘 물고기)가 될 수 있는 치어(태어난 지 1년도 안 된 물고기) 수가 부족해지고 건강한 생태계가 파괴되는 현장을 고발한 다큐멘터리다. 상업적인 어업이 지구환경에 큰 영향을 주고 있지만 대부분의 사람들은 잘 모른다. 매년 약 1억 8,000만t의 물고기가 바다에서 잡히고 있다. 남획에 관한 문제는 1990년대부터 제기되기 시작했다. 불법적인 어업 활동이나 대량의 어류 소비는 결국 바다 생태계 파괴와 개체 수 감소로 어업에 종사하는 사람들을 위협한다.

태평양 바다의 거대한 쓰레기 섬에 있는 플라스틱 중에서 46%가 어망이라고 한다. 더 큰 문제는 매년 바다에 버려지는 조업 장비가 50만~100만t에 달한다는 사실이다. 또한 해산물의 50%를 공급하는 양식장의 환경오염, 어부의 강제 노역, 일본의 포경업(대형 고래를 잡는 작업)을 고발하며 어부들이 잡을 물고기를 고래들이 잡아먹는다는 이유로 돌고래 등을 잡는 현장을 확인했다. 바다에서 잡히는 어류의 40%는 부수 어획(목표 대상이 아닌데 잡히는 어획물)이라고 한다. 이에 바다의 자원을 낭비한다는 점을 지적하면서 매년 약 5,000만 마리의 상어가 부수 어획으로 죽어간다고 고발한다.

2021년 3월에 개봉된 이 다큐멘터리는 화제가 된 만큼 논란도 많았다. 혈기 왕성한 1993년생 감독인 알리 타브리지가 직접 출연해 플라스틱 폐기물과 돌고래 남획 문제 등을 고발해 MZ세대의 관심을 모았지만, 통계의 오류, 취재 도중 말꼬리 잡기 등 문제도 있었다. 그럼에도 불법 어업과 바다 쓰레기 문제, 인권침해 등 바다의 문제를 목숨 걸고 촬영하면서 일반인들이 잘 알 수 없는 부분까지 밝혀내 계속해서 세간의 주목을 받고 있다.

2부

친환경을
실천하는
법

새로운 트렌드 '필(必)환경'

기업에서 실천할 수 있는 친환경 운동 10가지

현재 기후 위기 상황을 불러온 책임은 주로 화석연료 기업에 있다. 1988년 이후 배출된 온실가스 중 71%는 100개의 화석연료 기업에서 비롯되었다고 한다. 더구나 이들 기업은 화석연료의 폐해를 알면서도 온실가스 감축 노력을 일부러 방해한 정황들도 있다. 지금이라도 화석연료 기업은 온실가스 배출을 줄이는 조치를 시작해야 한다. 재생 가능 에너지로 전환하고 온실가스 배출 현황 및 감축에 대한 정보를 공개해야 한다. 기업은 영리 활동 외에 기후변화의 영향과 이로 인한 인권침해에 관해서도 대응책을 내놓을 책임이 있다. 최근에 기업 경영에 대한 인식이 주주의 이익 등 재무적 관점보다는 사회 구성원으로서 사회적 책임과 의무가 더욱 강조되고 있다. 즉, 공익적 책무를 다해야 기업의 성장도 가능하다는 인식이 강해진 것이다.

1980년대까지는 '경제적 가치'의 시대였다. 1990년대~2000년대는 '민주적 가치'의 시대였고, 그 이후는 '사회적 가치'의 시대가 되었다. 제21대 국회 1호 법안으로 「공공기관의 사회적 가치의 실현에 관한 기본법」이 발의되었다. 공공기관은 국민과 지역의 삶에 기여해야 한다. 공존하는 기관으로서 민간 기업은 '착한 기업'이 아닌 '공생하는 기업'으로 거듭나야 하고 글로벌 스탠다드에 맞춰야 지속 가능한 경영을 실현할 수 있다. 특히 CSR(기업의 사회적 책임) 경영은 사회공헌, 기부, 자원봉사 등을 통해 기업의 사회적 책임을 실천하도록 권장해 기업 활동 자체가 사회적 가치를 창출하는 동시에 경제적 수익을 추구하는 방향으로 진행되도록 하고 있다.

이제 기업 경영에서도 기후변화 대책은 중요한 과제가 되었다. 기후변화 이슈를 제대로 다루지 못해 위기에 빠진 기업도 있다. 1870년에 창업해 2000년대 전 세계 에너지업계 시가총액 1위 기업이었던 엑슨모빌은 기후변화 문제를 악화시키고 기후변화에 대한 비용을 왜곡한 혐의로 뉴욕시로부터 피소되고 주식 가치가 폭락하면서 결국 2020년 8월 세계 3대 증권시장 중 하나인 다우존스에서 퇴출되고 말았다.

이제 기업도 '코즈 마케팅(기업 경영 활동과 사회적 이슈를 연계시키는 마케팅)'이 필요한 시대다. 특히 환경문제에 적극적으로 동참하는 기업들이 증가하고 있다. 노스페이스는 플라스틱 병을 재활용해 플라스틱 옷을 만들고, 아레나는 동물의 털을 사용하지 않는 '아레나 비건 패딩'을 선보였다. 아이시스는 생수 페트병 몸체에 라벨을 사용하지 않고 음각으로 새겨 넣어 분리배출의 편의성을 높인 친환경 생수를 출시했다. 동원F&B도 조미김 포장에 사용되는 플라스틱을 없앤 '양반김 에코 패키지'를 선보였다. 이처럼 환경 캠페인에 동참하는 기업들이 소비자들의 호평을 받고 있다.

환경문제가 대두되고 기업의 사회적 책임이 증가하는 오늘날 기업이 실천해야 할 친환경 경영 전략 10가지를 소개한다.

① CSR 경영

(Corporate Social Responsibility: 기업의 사회적 책임)

기업의 전통적인 목적은 경제적 이윤 창출이다. 그런데 기업이 이윤을 창출하는 과정에서 환경오염, 자원 고갈, 부정부패 등 여러 사회문제가 따라오기도 한다. 이에 따라 기업은 경제적 책임 외에도 법적·사회적·환경적 책임 등 다양한 책임 이행을 요구받게 되었다. 이제 기업의 사회 공헌은 선택이 아니라 필수가 되었다. 두산인프라코어의 꿈을 그려주는 학교 '드림스쿨', 환경성 질환을 앓는 저소득 가정 어린이의 주거환경 개선과 치료를 지원하는 SK건설의 '그린N 희망메이커', 지구촌 사랑 나누기를 실천하는 삼성의 '사회봉사단', 한화의 행복한 세상을 만드는 청년봉사단 '한화해피프렌즈' 등이 CSR 실천의 대표적 사례다.

② CSV 경영

(Creating Shared Value: 공유 가치 창출)

CSV 경영은 기업의 경제적 가치와 사회적 가치를 동시에 창출해 공유 가치의 총량을 확대하는 것을 말한다. CSV의 핵심은 기업이 직면한 사회·환경적 이슈에서 새로운 비즈니스 기회를 모색하는 데 있다. 즉, 사회문제 해결과 기업의 이윤 창출을 동시에 이루는 것이다. CSV를 실천하는 기업들은 창의적이고 혁신적인 기술과 전략 등을 통해 사회·환경적 문제를 해결하는 새로운 비즈니스를 운영한다.

대표적인 사례로 CJ대한통운이 2013년부터 시작한 '실버택배'를 들 수 있다. 택배 차량이 아파트 단지나 주거 밀집 지역에 도착하면 인근에 사는 60세 이상의 배송원이 전동 카트를 이용해 구매자의 문앞까지 배송하는 택배 방식이다. 이는 해당 지역 실버 세대의 경제적 안정과 건강 증진, 사회 참여라는 가치를 구현하면서 '착한 기업' 이미지를 제고한다. 유엔의 '지속가능발전목표(SDGs) 이니셔티브 2019' 우수 사례로 선정되고, 미국 경제 전문 잡지 『포춘』(Fortune)에서 '세상을 바꾸는 혁신 기업 50'에 선정되기도 했다.

③ ESG 경영

(Environmental, Social, Governance: 환경보호, 사회적 책임, 투명 경영)

주주 자본주의는 기업의 이윤을 극대화해 주주 이익을 늘려 기업 가치를 올리는 데 초점을 둔다. 그런데 기후 환경 시대에는 기업의 사회적 책임이 이윤을 늘릴 수 있는 중요한 요인이 되었다. 이에 따라 기업의 환경 경영, 사회적 책임, 투명 경영이 기업을 지속 가능하게 한다. 따라서 글로벌 기업은 이미 ESG 경영을 실천하고 있으며 국내에서도 대기업을 중심으로 ESG 경영을 도입하는 중이다.

ESG는 기업의 비재무적 성과를 판단하는 기준이다. 투자 의사 결정 및 장기적인 재무 가치에 영향을 미칠 수 있는 중요한 비재무적 요인 중 '환경'은 기후변화 영향, 사업장 환경오염 물질 저감, 친환경 제품 개발 등에 해당한다. '사회적 책임'은 인적자원 관리, 산업 안전, 하도급 거래, 공정 경쟁 등에 해당한다. '투명 경영'은 주주 권리, 이사회 구성과 활동, 감사 제도, 배당과 같은 요소를 말한다.

이미 국내 대기업 중에서 SK는 2020년부터 ESG 경영에 앞장서면서 16개 계열사에 ESG 전담 조직까지 만들었다. 실천 사례로 'RE100'을 국내 대기업 최초로 추진했는데, 이는 기업이 사용하는 전력의 100%를 재생에너지(Renewable Energy)로 충당하겠다는 캠페인이다. 삼성물산은 석탄 관련 신규 사업을 전면 중단하겠다고 밝혔고, 현대기아차는 전기 자동차와 수소 자동차 등 친환경 자동차에 주력하겠다고 밝혔다. 롯데는 '자원 선순환 프로젝트'를 선포하고 '플라스틱 선순환 체계 구축', '친환경 패키징 확대', '식품 폐기물 감축'을 선정해 추진하고 있다. 이에 한국기업지배구조원은 2002년부터 한국 상장 기업들의 지배 구조, 근로자, 협력사, 환경 등 비재무적인 부분을 평가·관리하고 있으며, 2011년부터 ESG를 평가해 등급을 부여하고 분기별로 발표하고 있다.

최근 ESG 경영은 기업의 비재무적인 요소로서 환경(E)을 소중히 여기고, 사회적 책임 의식(S)을 가지고 윤리적 경영을 하며, 기업 운영(G)에서 투명하고 효율적인 경영을 강조한다. 그래서 ESG 등급에 따라 투자자와 소비자의 신뢰와 평가가 달라진다. 또한 기업의 기후변화 대응은 자선이나 봉사가 아니라 사회 구성원으로서 당연한 의무로 이해해야 한다. 자원 재활용이나 에너지 절약을 넘어 지구환경 보호를 위한 기업의 협조가 절실하다. 왜냐하면 기후변화의 원인인 온실가스가 기업 활동에서 상당 부분을 차지하기 때문이다.

특히 철강, 조선, 자동차 등 국내 굴뚝 산업에서 배출하는 온실가스의 양이 상당한데, 그 피해는 고스란히 국민의 몫이 될 수밖에 없다. 포스코는 이미 90년대 말부터 다양한 투자와 연구를 통해 온실가스 배출량을 줄이는 데 노력해왔다. 그 결과 2016년 글로벌 지속가능성 평가 기관인 CDP(Carbon Disclosure Project)로부터 전 세계 철강회사 중에서 기후변화 대응 부문 최우수 기업으로 선정되기도 했다.

④ 'RE100' 경영

2020년 5월 대만의 세계 최고 반도체 파운드리(수탁 생산) 제조업체인 TSMC가 15조 원 규모의 반도체 공장을 미국에 건설하겠다고 발표했다. 최대 거래처인 애플과 협력 관계를 유지하기 위해서는 재생

에너지를 100% 사용해야 하는데 대만에서는 쉽지 않기 때문이다. 이것이 미국에 공장을 건설하게 된 배경이다.

2014년부터 시작된 캠페인 'RE100'은 이제 기업의 선택이 아니라 생존과 지속 가능 경영을 위한 필수 요소가 되었다. 스타벅스도 'RE100'에 가입했다. 풋볼 경기장 285개 규모의 태양광 농장을 만들어 직접 전기를 생산하고 있다. 스타벅스에 우유를 납품하려면 이제는 축산 농가에서 메탄가스를 줄이는 방법을 제시해야 한다. 미국 월마트도 모든 납품업체와 함께 이산화탄소를 줄이는 목표를 정했다.

'RE100'은 세계적으로 영향력 있는 글로벌 기업들이 2050년까지 재생에너지로 생산된 전력을 100% 사용하겠다는 자발적인 선언이다. 신에너지를 제외한 태양광, 풍력, 수력 등 재생 가능 에너지만 100% 생산하거나 사용해야 한다. 국내에서는 SK 7개 계열사가 가장 먼저 참여했다. 'RE100'은 단순한 환경 운동이 아니라 납품과 수출을 위해 농가부터 중소기업까지 피할 수 없는 글로벌 트렌드로 자리 잡고 있다.

⑤ EPR 경영

(Extended Producer Responsibility: 생산자 책임 재활용)

EPR이란 Extended Producer Responsibility의 약자로 생산자의 책임을 확대한다는 의미를 갖는다. 폐기물 처분의 책임을 생산자에게 전가한 것이 폐기물 부담금 제도이고, 재활용의 책임을 생산자에게 전가한 것이 생산자 책임 재활용 제도다.

환경오염 관리와 관련한 주요 원칙이 '오염 원인자 부담 원칙(PPP : Polluters Pay Principle)'이다. 오염 원인자에게 오염에 따른 비용을 부담하게 함으로써 오염 원인자가 오염을 야기하는 행위를 줄이도록 유도하고, 원인자에게 행위에 상응하는 대가를 치르도록 함으로써 비용 분담의 형평성도 가지게 되는 장점이 있다. 배출자 부담 원칙의 대표적인 제도가 쓰레기 종량제이고 생산자 부담 원칙의 대표적인 제도가 생산자 책임 재활용 제도와 폐기물 부담금 제도다. 생산자 책임 재활용 제도의 재활용 의무 대상 품목은 4개 포장재군(종이팩, 금속캔, 유리병, 합성수지 포장재), 8개 제품군(윤활유, 전지류, 타이어, 형광등, 양식용 부자, 곤포 사일리지용 필름, 김발장, 필름류 제품 5종)이다.

⑥ HES 경영
(Health, Environment, Safety: 보건, 환경, 안전)

기업이 녹색 환경 실천으로 더불어 사는 세상을 만들고 지속 가능한 내일을 만드는 보건·환경·안전 경영도 중요한 의무 중 하나다. 환경오염 물질 및 화학물질의 배출을 엄격하고 철저하게 관리하려면 실시간 모니터링 시스템을 통한 체계적 경영이 필요하다. 공장의 폐수로 수자원이 오염되는 일이 없어야 하고 환경 규제에 앞서 환경을 보호하는 운동도 직접 실천해야 한다. 가령 한화 케미칼의 '1사 1하천 정화 운동'도 좋은 사례다.

저탄소 녹색 성장 계획을 세워 새로운 위험과 기회에 체계적으로 대응하고 온실가스 대응 활동, 탄소 에너지 경영 국제 인증 등도 HES 실천의 사례로 들 수 있다. 현대건설의 HES 경영 사례를 보면, 공정이 진행되고 있는 모든 현장을 대상으로 보건·환경·안전 점검을 강화함으로써 위험성을 사전에 예방한다. 산업안전보건법상 책임자 및 관리자 직무 이행도 실태, 녹색 환경 관련 지침 이행 여부 등도 파악한다. 또한 임직원의 안전 보장과 보건 환경 조성을 위한 '종합 안전망'을 구축한다. 사업 본부별 사전 예방 활동 강화, 중대 재해 및 환경 사고 제로화, 전 공정 사전 작업 허가제 실시, 사내 안전 정보 관련 전산망(H-PMS) 시스템을 통한 실제 위험성 평가 내용 기록 및 체계적 관리, 재해 예방 캠페인과 교육 실시, 무재해 달성 현장 포상금 지급 등을 실시한다.

⑦ EMS 경영
(Environment Management System, ISO 14001: 환경 경영 시스템)

환경 경영에 관한 국제 표준인 ISO 14001은 환경 경영 시스템에 관한 규격과 환경 심사, 환경 레이블과 선언, 환경성과 평가, 전 과정 평가, 환경 친화적 제품 설계, 환경 의사소통, 온실가스 등으로 구성된다. 이 표준들은 크게 조직을 평가하는 영역과 제품 및 공정을 평가·분석하는 영역으로 구별할 수 있다. 환경 경영 시스템, 환경 심사, 환경 성과 평가 등은 조직의 환경 경영에 대한 평가를 위한 표준이며, 환경 레이블과 선언, 전 과정 평가 등은 생산 제품과 생산 공정의 환경성에 관한 평가 표준이라고 할 수 있다.

동 규격에 대한 인증과 유사한 환경 경영 시스템 인증으로는 유럽 연합의 EMAS가 있으나 전 세계적으로 가장 보편화되어 있는 인증 제도는 ISO 14001에 대해 국제인정기관포럼(IAF)에 의해 운영되는 인증 제도라고 할 수 있다.

⑧ 온실가스 · 에너지 목표 관리제

정부와 관리 업체가 상호 협의해 온실가스 배출량 및 에너지 소비량 목표를 정한 뒤, 정부는 인센티브와 페널티(개선 명령, 과태료 등)를 통해 목표 달성을 유도하고, 관리 업체는 목표 달성을 위한 이행 계획과 이를 뒷받침하는 관리 체계 등을 수립해 목표를 효율적으로 달성하고자 하는 제도다.

저탄소 녹색 성장 기본법에 따른 국가 온실가스 감축 목표를 달성할 수 있도록 일정 수준 이상의 온실가스를 배출하고 에너지를 소비하는 업체 및 사업장을 관리 업체로 지정해 온실가스 감축 목표, 에너지 절약 목표를 설정하고 관리하기 위한 제도다.

저탄소 녹색 성장 기본법 시행령 제26조(온실가스·에너지 목표 관리의 원칙 및 역할)에 부문별 관장 기관을 명시하고 있으며 총괄 기관은 환경부다. 환경부는 2021년부터 '온실가스·에너지 목표 관리제'에 참여하는 중소·중견 업체도 탄소 중립을 달성할 수 있도록 다양한 지원 사업을 시작한다. 중소·중견 관리 업체의 온실가스 감축 노력을 지원하기 위해 2021년 하반기부터 폐기물, 산업, 수송, 건물 등 업체별로 온실가스 감축 목표를 초과 달성한 경우, 감축 실적이 큰 업체를 중심으로 초과 달성한 감축 분을 예산의 범위 내에서 구매할 예정이다. 환경부는 2021년 3월 1차로 선정된 12개 관리 업체에 온실가스 감축 설비 설치 시 50%인 총 12억 원을 지원한다. 선정된 12개 관리 업체는 교체 비용이 큰 노후 설비를 고효율 설비로 교체하거나 폐열 회수 설비를 설치해 온실가스를 감축하게 된다.

⑨ 수자원 재활용

3월 22일은 유엔이 지정한 '세계 물의 날'이다. 1992년 6월, 브라질 리우데자네이루에서 열린 유엔환경개발회의를 계기로 '세계 물의 날'이 제정되었다. 인류의 무분별한 개발로 수자원 오염, 물 부족 현상이 생기면서 이에 대한 심각성을 인지해 수자원을 보호하고 개선하자는 취지를 담고 있다.

2020년 유엔 세계 물 개발 보고서(UN World Water Development Report)의 「물과 기후변화」(Water and Climate)에 따르면, 전 세계 물 사용량은 지난 100년간 6배 정도 증가했고 인구 증가, 경제 발전, 소비 패턴 변화로 매년 약 1%씩 꾸준히 늘어났다. 이에 더해 기후변화로 불규칙적인 물 공급이 이뤄지면서 현재 물 부족 지역 상황을 악화시키고 있다. 심지어 수자원이 풍부한 지역에서도 '물 스트레스'를 겪을 것으로 전망된다. 우리나라의 물 스트레스 등급도 20~40%로 중간 이상에 해당한다. 기업에서도 물은 제조 공정에 꼭 필요한 자원이므로 물 관리도 필수적이다. 삼성전자는 지속적인 수자원 관리로 영국 정부의 인증 기관인 카본 트러스트로부터 '탄소 발자국' 인증에 이어 '물 발자국' 인증도 받았다.

⑩ 공장 쓰레기 분리배출

쓰레기 문제의 해법은 덜 버리거나 재활용하거나 자연 분해되는 친환경 제품을 만드는 것이다. 물론 현실적으로 모두 쉽지 않은 방법이다. 유럽플라스틱고무제조자협회(EUROMAP)가 발표한 보고서에 따르면, 우리나라 국민 1인당 플라스틱 소비량은 2015년 기준 132kg으로 세계 최고 수준이다. 이 통계가 플라스틱 원료 소비량이기 때문에 소비자가 실제 사용한 양과 차이가 있다는 주장도 있지만, 플라스틱 사용량이 많다는 사실만큼은 부정할 수 없다.

플라스틱을 포함한 각종 쓰레기 배출량은 늘어나는데 이를 처리할 시설은 부족해 해외로 내보내야 하는 실정이다. 전문가들은 폐기물별 발생부터 최종 처리까지 정확한 경로와 양을 분석해 폐기물 발생 자체를 줄이지 않으면 쓰레기 문제를 해결할 수 없다고 입을 모은다. 국내에서 배출되는 쓰레기 중 70~80% 가량이 플라스틱이라는 점에서 플라스틱 처리가 가장 큰 이슈로 지목된다.

환경부가 발표한 전국 폐기물 처리 현황을 보면, 2008년 하루 평균 35만 9,296t이던 폐기물 발생량은 2017년 41만 4,626t으로 5만 5,330t이 늘었다. 하지만 같은 기간 폐기물 소각 시설은 952개에서 395개로 557개(58.5%)가 줄었다. 폐기물 처리에 문제가 생긴 지 오래다. 2006년부터 발암 물질인 다이옥신 배출 기준이 적용되는 소각 시설 범위가 확대되고 미세 먼지 문제까지 나타나면서 많은 소각 시설이 폐쇄되었다. 또한 수도권은 2025년이면 쓰레기 매립지가 종료된다. 우리나라 인구의 절반이 버린 쓰레기를 감당해온 인천의 3-1매립지를 마지막으로 수도권 매립지 운영을 종료하기 때문이다.

분리배출을 제대로 해야 재활용이 가능하므로 올바른 분리배출 방법을 기업 내부에서 교육하고 실천하는 것이 시급하다.

글로벌 기업의 친환경 운동 실천 사례

글로벌 기업	친환경 운동 실천 사례
나이키	재활용 소재로 만든 '스페이스 히피' 운동화
파타고니아	매출의 1%를 각국 환경 단체에 지원, 플라스틱으로 의류 제작
팀버랜드	페트병을 수거해 신발 끈이나 인조 모피 제작에 재활용
에르메스	동물 가죽 대신 버섯 균사체가 주원료인 대체 가죽으로 '버섯 가방' 출시
맥도날드	다회용 컵 사용 권장, 폐식용유 수거해 바이오디젤 에너지 생산
스타벅스	플라스틱, 비닐, 일회용컵, 종이 영수증 없는 매장 캠페인

월마트	배출된 폐기물 65% 재활용, 재활용 가능한 쇼핑백 제공, 쓰레기 제로 추진
애플	모든 제품에 PVC 배제, 모든 포장 박스를 재활용 가능한 에코 패키지로 전환
P&G	샴푸 등 일부 제품에 사탕수수를 이용한 친환경 플라스틱 포장 용기 사용
로레알 화장품	화장품 등 용기를 수집해 재활용 전문 업체에 무상 제공

국내 기업의 친환경 운동 실천 사례

국내 기업	친환경 운동 실천 사례
현대자동차	제로 웨이스트 동참, 자동차 폐기물 업사이클링
아모레퍼시픽	'그린 사이클' 캠페인, 공병 재활용 및 예술 작품으로 업사이클링
풀무원	4년 연속 ESG 통합 A+ 등급, ESG 최우수기업상 수상, 탄소 경영 특별상 수상
롯데케미칼	'그린프로미스2030' 친환경 사업 강화, 기후 위기 대응, 그린 생태계 조성, 자원 선순환 확대
CJ제일제당	바이오 사업을 위해 구매하는 대두 중 약 40만 톤을 아마존 삼림 지역이 아닌 다른 곳에서 구매, 바다에서 100% 생분해되는 플라스틱 소재 양산 성공, 화이트 바이오 사업 본격화
블랙야크	페트병을 옷으로 재활용한 플라스틱 컬렉션 출시, 친환경 기능성 의류 제조
신한카드	탄소 배출 지수 도입, 탄소 배출을 줄인 고객에게 할인 혜택, 채식 전문점 이용 시 할인 및 포인트 적립
하나금융그룹	'하나 그린 스텝 5 환경 캠페인' 실시, 절전, 개인 컵 사용, 계단 이용, 대중교통 이용, 음식 남기지 않기 등 실천
맥심	커피 믹스 포장 용기의 플라스틱 손잡이를 종이 손잡이로 교체

가정에서 실천할 수 있는 친환경 운동 10가지

지구를 살리는 것은 결국 우리 자신을 살리는 것이다. 현재를 살아가는 우리 세대도 중요하지만 미래 세대에게 아름답고 깨끗한 지구를 물려줄 의무도 있다. 따라서 우리가 일상에서 당장 실천할 수 있는 친환경 운동 10가지 방법을 제시하고자 한다.

① 개인 컵 사용하기

국내에서 소비되는 종이컵은 1년에 약 260억 개다. 하루에 약 7,100만 개를 사용하는 것인데, 우리나라 국민을 5,000만 명으로 잡으면 한 명이 일 년에 520개, 하루에 1.4개를 사용하는 꼴이다. 이 중 재활용되는 것은 1.5%(1년에 약 3.9억 개) 미만에 불과하다. 그나마 일부 커피 전문점과 패스트푸드점의 협조로 일회용 컵을 따로 모아 수거했기 때문에 재활용이 가능했다. 나머지는 대부분 소각되거나 매립된다.

재활용이 어려운 또 다른 이유는 종이컵 안쪽이 폴리에틸렌으로 코팅되어 있기 때문이다. 그래서 전문가들은 재활용이 잘 되는 종이컵을 사용하거나 보증금 제도를 도입해 회수율을 높여야 한다고 강조한다. 특히 코로나19로 테이크아웃이 증가하면서 종이컵 소비는 더욱 늘어나지만 회수는 도리어 90% 정도 줄었다고 한다. 2022년 6월부터 '자원재활용법'에 의거해 일회용 컵에 일정 금액의 보증금을 부과하고 컵을 반납하면 보증금을 돌려주는 일회용 컵 보증금 제도가 시행될 예정이다.

최선의 방법은 종이컵을 사용하지 않는 것이다. 불편하더라도 텀블러를 습관처럼 소지할 수밖에 없다. 등산 배낭에 컵을 달고 다니듯이 이제 일상생활에서도 텀블러 하나씩 달고 다니면 어떨까?

② 플라스틱/비닐 사용 자제하기

그린피스에 따르면, 플라스틱 오염 문제는 오늘날의 매우 큰 환경문제 중 하나다. 플라스틱을 널리 사용하기 시작한 1950년부터 2015년까지 생산된 총량은 약 83억 톤으로 이는 미국 엠파이어스테이트빌딩 2만 5,000채를 합한 무게와 같다고 한다. 매년 생산되는 플라스틱의 3분의 1 이상은 페트병, 비닐, 봉지와 같은 포장재인데, 이들 제품은 짧게는 몇 분, 길게는 며칠 만에 쓰레기로 돌변한다. 이것으로 낭비되는 금액이 매년 800억~1,200억 달러(한화 약 92조~137조 원)로 추정된다.

요구르트 병, 페트병 등은 재활용이 어려운 플라스틱 타입으로 제조된다는 점이 문제다. 특히 플라스틱은 생분해되지도 않고 한번 생산된 플라스틱은 수백 년 동안 지구를 떠돌며 환경을 오염시킨다. 플라스틱 쓰레기를 처리하는 유일한 방법은 소각이다. 하지만 소각과정에서 다이옥신 등 오염 물질이 배출되는 것이 치명적인 문제다. 내가 버린 플라스틱이 당장 우리 집 쓰레기통에서는 사라지더라도 또다시 바다와 강을 오염시켜 식수와 오염된 공기로 다시 돌아와 우리의 생명을 위협한다.

일상생활에서 플라스틱 줄이기는 의외로 쉽다. 빨대 대신 입 대고 마시기, 일회용 컵 대신 텀블러 사용하기, 비닐봉지 대신 장바구니 사용하기, 플라스틱 용기 대신 재활용 가능한 유리나 종이 용기 사용하기 등 조금만 신경 쓰면 어렵지 않은 일이다. 오늘부터라도 '플라스틱 제로'를 조금씩 실천해보면 어떨까?

③ 분리배출 제대로 하기

우리나라는 1995년 쓰레기 종량제를 도입했다. 발생한 쓰레기 처리 비용을 배출자가 부담한다는 원칙을 적용해 쓰레기 수수료 종량제를 시행한 것이다. 2002년에는 분리배출을 의무화해 종량제 봉투로 일반 쓰레기, 플라스틱, 비닐류 등을 분리배출하게 했다. 그런데 대부분의 시민들은 분리배출을 해야 한다는 의식은 있지만 어떤 식으로 분리해야 하는지 정확히 알지는 못한다.

음식물 쓰레기는 당연히 별도로 분리한다. 비닐류는 폐비닐과 재활용이 가능한 비닐로 구분하고, 페트병도 라벨 및 뚜껑을 제거해야 한다. 폐지류도 코팅 폐지와 비코팅 폐지를 구분해야 한다. 다시 말해, 재활용과 비재활용을 세세하게 구분해 분리배출해야 하는데 각자가 판단하기가 사실상 어렵다. 쓰레기 분리수거도 민간이 80%, 지자체가 20%를 담당하고 있다. 쓰레기를 수거 후 검수 과정을 통해 정확하게 구분해야 하지만, 민간 업체는 인건비와 시간, 방법 등 여러 이유로 분리 작업이 쉽지 않다. 쓰레기 일부는 수출도 했으나 최근 필리핀에서는 한국산 쓰레기를 되가져 가라며 시위를 벌였고, 중국에서도 코로나19로 쓰레기 수입을 전면 중단시켰다. 더군다나 우리나라 인구의 절반이 있는 수도권의 쓰레기를 감당해온 인천 3-1 매립지가 더 이상 수용이 불가해 2025년에 매립지를 종료한다고 언론에 공개적으로 발표했다. 쓰레기 대란은 불 보듯 뻔하고 뾰족한 대책도 없어 보인다. 우리 각자가 제대로 분리배출해 재활용을 최대한 늘려 매립되는 쓰레기를 최소화하는 게 가장 좋은 방법이다.

> **[더 알아보기] 투명 페트병 분리배출**
>
> 우리가 흔히 사용하는 페트병은 투명색, 초록색 페트병 등 다양하다. 그중 투명색 페트병은 옷, 가방 등 고품질 재생 원료로 활용할 수 있다. 하지만 우리나라는 그동안 페트병의 색상을 구분하지 않고 배출했고, 회수 과정에서도 이물질 등이 섞여 재생 원료로 활용하기 어려웠다. 결국 연간 2.2만 톤의 페트병을 일본, 대만 등 해외에서 수입해 활용하고 있다. 이러한 문제점을 보완하고자 투명 페트병과 일반 플라스틱을 따로 분리배출하도록 정책을 개정했다. 이 정책은 전국의 공동주택을 시작으로 2021년 12월 25일부터는 의무 관리 비대상 공동주택과 단독주택도 시행하면서 점차 확대할 예정이다. 모두가 적극 동참해야 할 중요한 환경 운동이다.

④ 채식 중심의 식단

육류의 과다 섭취는 당뇨, 동맥경화, 심혈관 질환, 암과 같은 치명적인 질병의 원인이 된다. 반대로 채식 위주의 식단은 당뇨병 발생 위험을 40%까지 줄일 수 있다. 1960년부터 2011년까지 50여 년 동안 전 세계에서 토지의 65%가 축산업을 위해 개간되었다. 이것이 산림 파괴의 가장 큰 원인이었다. 축산업은 수질오염의 원인이 되기도 했다. 2018년 우리나라에서 도축되는 동물의 수는 소 87만 마리, 돼지 1,672만 마리, 닭 9억 3,600만 마리다. 인간의 식단을 위해 각종 전염병, 비위생적 환경, 잔인한 도축 방식 등 가축의 동물권이 무시되는 경우도 있다.

최근에는 동물성 재료를 먹지도 사용하지도 않는 '비건주의자'들이 증가하면서 비건 식품이 부상하고 있다. 육식 대신 채식을 하는 것은 기후변화에 대응하기 위해 일상에서 실천할 수 있는 가장 기본적인 방법이다. 2019년 기후변화정부간협의체 특별 보고서에서도 채식을 늘리는 것만으로도 지구온난화를 막기 위해 인류가 들여야 하는 노력을 최대 20%까지 줄일 수 있다고 전망했다.

⑤ 대중교통 이용하기

전 세계 온실가스의 16%가 교통수단에서 나온다. 그중 승용차가 온실가스에 차지하는 비율이 48%, 화물자동차는 35%다. 따라서 비행기보다는 기차를, 자가용보다는 버스나 지하철을, 가까운 거리는 승용차보다 자전거로 이동하거나 걸으면 온실가스 발생도 줄이고 건강도 좋아지고 교통체증이 줄어 스트레스도 적어지고 생활비도 절감된다.

프랑스 파리에서는 효과적인 대중교통 이용을 권장하고자 출발지와 목적지, 출발 시간을 입력하면 환승 경로와 교통수단을 알려주는 웹 사이트를 운영하고 있다. 또한 승용차 이용과 대중교통 이용 시 온실가스 배출량을 비교해 온실가스를 감축하는 데 자발적으로 참여를 유도하고 있다. 우리도 배출량을 절감한 만큼 마일리지 제공이나 할인 등 다양한 혜택을 제공한다면 큰 효과를 얻을 수 있을 것이다.

⑥ 폐마스크 잘 버리기

홍콩의 한 NGO 단체에서 2020년 한 해 전 세계에서 제조된 일회용 마스크는 약 520억 개, 그중 바다로 쓸려 간 마스크는 약 15억 6,000만 개로 추정했다. 이 폐마스크가 완전히 분해되는 데는 약 450년이 걸린다. 문제는 분해되기 전에 마스크로 해양이 오염된다는 것이다. 물고기들이 폐마스크를 해파리로 착각해 먹을 경우 소화관이 막혀 죽을 수도 있다. 해양 생태계를 교란하는 또 다른 오염 물질이 된 것이다.

마스크 폐기 시 끈을 자르고 철심을 분리하고 돌돌 말아서 종량제 봉투에 버려야 한다. 감염 우려 때문에 재활용이 어렵지만 프랑스에서는 폐마스크를 수거해 검역을 거쳐 오염 물질 제거, 분쇄, 가열을 통해 플라스틱으로 재탄생시켜 방역 용품을 생산하기도 한다.

⑦ 온도 2℃씩 조절하기

한때 여름에 부채를 사용하던 시절이 있었다. 하지만 전기가 보급되면서 선풍기가 등장했고, 지금은 에어컨이 가정집과 사무실, 상점 등에 널리 보급되어 있다. 하절기에 에어컨 설정 온도를 2℃만 높게 조절해도 전기료를 절감하고 에너지 소모를 줄일 수 있다. 에어컨을 하루 8시간씩 가동하면서 온도를 2℃만 높여도 전기 요금을 월 1만 7,000원 정도 아낄 수 있다. 에어컨 희망 온도와 실외 온도 차이를 10℃ 이내로 맞추고 전력 소모량이 많은 실외기 주변에 환기가 잘 되도록 하는 것도 에너지를 절약하는 방법이다.

전기 요금은 냉난방기 가동 시간보다는 설정 온도가 요금을 좌우하므로 자칫 세금 폭탄을 맞을 수도 있다. 3,000세대가 거주하는 서울의 어느 아파트 단지에서는 폭염으로 전기 사용량이 전월에 비해 약 20% 증가했는데 전기 요금은 55%나 올랐다. 전기 요금 누진제로 세금 폭탄을 맞은 세대가 많아진 것이다. 전문가들은 가정에서 에어컨 온도를 26℃로 맞추는 것이 적당하다고 하지만 에어컨 센서가 통상 1.5m 높이에 있고 실제 바닥의 온도는 더 낮다. 사무실은 28℃까지 올리는 건 어렵겠지만 가정집에서는 28℃ 정도로 유지해도 충분히 시원하고 전기 요금도 많이 줄일 수 있다.

⑧ 물 아껴 쓰기

「OECD 환경 전망 2050」에 따르면, 2050년 세계 인구의 40% 이상이 심각한 물 부족 상태에 처한다고 한다. 물 기근 국가(15개국), 물 부족 국가(15개국), 물 풍요 국가(123개국)로 분류하는데, 우리나라는 물 부족 국가에 해당한다. 특히 국토가 좁고 인구밀도가 높고 실제 사용 가능한 수자원을 고려하면 물 부족 문제가 심각해진다. 우리나라 연평균 강수량은 세계 평균(807mm/년)보다 높은 1,277mm이다. 그러나 높은 인구밀도 때문에 1인당 강수량은 2,629m^3로 세계 평균인 16,427m^3의 16% 수준에 불과하다. 따라서 유엔식량농업기구는 1인당 이용 가능한 수자원량이 1,453m^3인 한국을 '물 스트레스 국가'로 분류했다.

1년 동안 한 사람의 영양섭취에 약 1,100m^3의 물이 필요한데, 이를 기준으로 연간 물사용 가능량이 1,000m^3 이하면 물 기근 국가, 1,700m^3 이하이면 물 부족 국가, 1,700m^3 이상이면 물 풍요 국가로 분류한다. 우리나라는 2008~2009년 48개 시·군의 7만 세대가 제한 급수로 물난리가 났다. 강원도 태백 지역은 수돗물이 나오지 않아 물통을 운반하기도 했다. 2019년 우리나라 생수 수입량은 27만 3,000톤으로 수입액은 약 8,500만 달러(한화로 약 1,000억 원)로 역대 최고치를 경신했다. 2010년보다 20배나 급증한 것이다.

이제 우리도 일상에서 물 절약을 생활화해야 한다. 가령 세안이나 양치 시 물을 틀어놓고 하는 경우가 있다. 이때 30초에 1ℓ의 물이 낭비된다고 가정하면 양치질 3분 동안 6ℓ의 물이 낭비되는 것이다. 화

---

9 1인당 강수량=연평균 강수량X국토 면적/인구수

장실 변기에도 벽돌 2장 정도 넣으면 매번 1ℓ 이상의 물을 절약할 수 있다. 절수 샤워 꼭지를 사용하는 것도 방법인데, 수압은 그대로면 서 물을 절반 정도 절약할 수 있다. 샤워 시간을 줄이는 것도 물 절약에 많은 도움이 된다. 세탁 시 빨래 양이 적을 때는 모아서 하거나 절약 모드를 사용하면 물과 전기가 동시에 절약된다. 정원에 물을 줄 때도 분사량을 조절하면 좋고 아침이나 저녁 시간에 물을 주면 증발을 막을 수 있다. 빗물을 받아서 사용하는 것도 훌륭한 절약 방법이다.

⑨ 음식물 쓰레기 줄이기

2018년 환경부 조사에 따르면, 한국인이 하루에 배출하는 음식물 쓰레기양은 1만 4,477톤, 1년이면 528만 톤이다. 음식물 쓰레기 처리 비용은 연간 8,397억 원에 달하고 경제적 손실은 연간 20조 원이다.

음식물 쓰레기는 80% 이상의 수분을 함유하고 있어 쉽게 부패되고 모기와 같은 해충의 번식을 유발할 수 있다. 썩은 물은 고농도 침출수가 발생해 처리 비용이 많이 들고 소각 처리하면 불완전연소로 각종 유해 물질을 배출할 가능성이 높아 2차적인 환경오염 문제가 발생할 수 있다. 전 국민이 음식물 쓰레기를 20%만 줄여도 연간 1,600억 원의 쓰레기 처리 비용이 줄고, 에너지 절약 등으로 5조 원에 달하는 경제적 이익이 생긴다. 이는 겨울에 연탄 1억 8,600만 장을 보급할 수 있는 금액이다. 지자체마다 방식이나 시기는 차이가 있지만, 이제 음식물 종량제 때문에 버린 만큼 수수료를 납부하게 된다. 음식물 쓰레기를 재활용하려면 철저한 분리배출이 필수다. 특히 이쑤시개나 냅킨, 동물 뼈가 섞여 들어가지 않도록 주의해야 한다.

⑩ 지구 살리기 운동 동참하기

하나뿐인 지구를 살리면 우리의 생명과 건강도 살릴 수 있다. 특히 후손들에게 깨끗하고 온전한 지구를 물려줄 의무가 우리 모두에게 있다. 지구를 지키는 일은 각자의 자발적인 마음에서 비롯되어야 하고 가정에서부터 시작해야 한다. 온실가스를 줄이고 에너지 낭비도 줄이면 경제적인 면에서도 상당한 혜택을 누릴 수 있다. 결국 인간과 자연이 공존하면 인간은 자연을 보호하고 자연은 인간을 치유한다. 지구상의 동식물도 정상적인 생태계를 형성하고 공존하도록 도와야 한다. 생태계가 무너지면 인간도 피해를 입는다. 지구 살리기 운동은 어려운 일이 아니다. 관심만 있다면 누구나 동참할 수 있다.

식탁의 새로운 트렌드

우리의 식탁이 지구를 파멸로 몰고 간다면 믿겠는가? 유엔식량 농업기구의 발표에 따르면, 연간 온실가스 배출이 가장 많은 부문은 농업과 축산업이라고 했다. 우선 가축의 먹거리를 확보하려면 곡물을 생산할 수 있는 거대한 토지와 대량의 물이 필요하다. 또한 대기 중 이산화탄소 다음으로 많이 퍼져 있는 온실가스가 메탄과 아산화질소인데, 메탄 배출의 37%, 아산화질소 배출의 65%는 축산업에서 나온다.

2018년 미국 하버드대학교 대학원의 연구 발표에 따르면, 전 세계의 가축 수는 약 280억 마리이고, 지난 20년 동안 메탄은 이산화탄소보다 지구온난화에 85배나 큰 영향력을 미쳤다고 한다. 유엔식량농업기구는 동물들이 먹을 풀을 얻고 목장을 짓기 위해 숲을 벌목할 때 배출되는 이산화탄소를 계산에 포함하지만, 숲이 더 이상 흡수할 수 없게 된 이산화탄소는 고려하지 않아 실제로는 축산업이 온실가스 배출에 미치는 영향은 더 크다고 한다.

월드워치연구소에서도 유엔식량농업기구가 빠트린 온실가스 배출을 계산에 넣어 추정한 결과, 가축의 이산화탄소 배출량은 51%에 해당하며 자동차, 비행기, 건물, 발전소, 산업의 배출량을 모두 합친 것보다 많다고 주장했다. 따라서 기후변화를 논의할 때 축산업을 배제할 수 없다고 했다.

기후 위기 대응은 우리의 식탁에서 시작되어야 한다. 먼저 기후변화에 대한 위기의식을 갖고 적극적인 저탄소 생활 방식으로 전환해야 한다. 특히 우리의 밥상에서 가장 중요한 문제는 육식이다. 축산업이 직·간접적으로 지구온난화에 심각한 영향을 미치고 있다는 사실이 이미 확인된 만큼 식탁이 날로 중요성을 더해가고 있다.

① 비건 산업의 부상

인류 역사상 지금처럼 고기를 많이 먹는 시대는 없었다. 육식 비중은 계속 증가하고 있다. 2050년이 되면 전 세계 인구가 100억 명에 도달한다. 그때가 되면 더 많은 목장이 필요하고 더 많은 도축이 필요하고 더 많은 고기가 식탁에 올라와야 한다. 결국 기후변화의 주범은 우리의 식탁이다. 우리가 육식을 줄이고 음식물 쓰레기 배출을 줄이면 온실가스를 줄이는 데 크게 기여할 수 있다. 식습관이 지구를 구할 수 있다는 인식만 가져도 환경 운동에 동참하는 것이다.

최근 국내에서도 건강과 환경을 생각하는 소비자가 급증하고 있다. 윤리적인 소비, 웰니스(웰빙과 행복과 건강의 합성어로 신체적·정신적·사회적으로 건강한 상태) 라이프 스타일을 추구하며 자신의 건강을 위해 채소, 과일, 해초 등 식물성 음식 외에는 우유나 계란조차 먹지 않는 비건주의자(완전 채식주의자)까지 등장했다. 채식 인구는 10년 사이 10배 증가해 지난해 150만 명을 돌파하면서 식품 산업의 판도를 바꾸고 있다. 그중 완전 채식주의자도 50만 명이 넘는다.

채식을 하는 이유는 건강, 윤리적 이유, 환경보호, 다이어트 등이다. 과다한 육류 섭취로 인한 건강 문제, 동물 보호 등 윤리적 문제, 환경문제와 기후변화 등에 대한 인식이 매우 높아졌다. 최근 비건 식당이 증가하고 식품 유통업계나 외식업계는 비건 메뉴를 출시하면서 시장을 키우고 있다. 비건 식품 외에도 비건 화장품, 비건 패션 등 동물과 관련된 제품을 소비하지 않는 소비자들의 선호도에 따라 식물성 원료를 활용한 제품이 늘어나고 있다. 따라서 비건주의는 채식은 기본이고 일상에서 사용하는 용기부터 의복, 화장품까지 모든 영역에서 동물성 원료를 사용하지 않는 것으로 개념이 확장되고 있다. 이와 같은 트렌드는 글로벌 시장에서도 나타나는데 국제채식인연맹(IVU, International Vegetarian Union)에 따르면, 전 세계 채식 인구는 약 1억 8,000명 정도라고 한다. 2018년 대체육 시장 규모는 약 190억 달러(약 22조원)이며 2030년 약 1,000억 달러(약 116조원)로 확대될 것으로 예측하고 있다.

② 떠오르는 신제품, 대체육

대체육은 육류를 대체한 식품을 말한다. 대표적인 대체육 제품으로는 콩과 밀 등 식물성 원료를 가공한 대체육과 육류의 세포조직을 생명공학 기술로 배양해 만든 배양육이 있다. 식물성 대체육은 이미 햄버거, 피자, 샌드위치 등에 활용되어 건강과 친환경이라는 이미지 때문에 각광을 받고 있다.

하지만 배양육은 아직까지는 가격 면에서나 기술 면에서 보완이 필요하고, 배양 과정에서 온실가스가 배출되어 효과가 미약하다는 평가를 받고 있다. 대체육도 기존의 육식처럼 식감이나 향 등 씹는 재미나 먹는 즐거움이라는 면에서는 가공 기술의 발전이 필요하다.

미국에서는 이미 2018년 대체육 판매율이 약 20% 증가해 시장 규모가 30억 달러(약 3조 3,600억 원)를 넘었다. 2025년에는 약 75억 달러(약 8조 4,000억 원)로 증가할 것으로 전망하고 있다. 미국의 대체육 소비는 대부분 패스트푸드점에서 이루어지고 있다.

대체육으로 만든 템페 샌드위치

③ 식용 곤충의 재발견

'식용 곤충'이라고 하면 우리는 메뚜기나 번데기를 가장 먼저 연상한다. 지금 중년층 이상은 어린 시절 식탁에서 자주 봤고 도시락 반찬으로도 먹었기에 큰 거부감이 없다. 그런데 최근에 또다시 곤충이 식탁으로 서서히 올라오고 있다. 국내에서 식용 곤충으로 식약청의 승인을 받은 곤충은 메뚜기, 누에, 백강잠, 갈색 거저리 유충, 흰점

박이꽃무지 유충(굼벵이), 장수풍뎅이 유충, 쌍별귀뚜라미, 아메리카
왕거저리 유충 및 성충 등이다.

식용 곤충은 그냥 먹기도 하지만 쿠키, 바(bar), 액상 등으로 가공
해 먹기도 한다. 곤충은 쇠고기와 달리 사료가 적게 들고 온실가스
배출도 거의 없는 고영양·친환경 식품으로 각광을 받고 있다. 2011
년 국내 식용 곤충 시장 규모는 1,680억 원이었는데 2020년에는 2배
정도 성장한 것으로 추정하고 있다. 최근에는 반려동물을 위한 곤충
영양식이 개발되어 시장이 더욱 커지고 있다.

[더 알아보기] 미래 식량 곤충 산업을 선도하는 ㈜서미바이오

서미바이오 화단비 분말

천혜의 자연환경이 펼쳐진 경북 안동
에서 미래 식량인 곤충을 직접 사육
하고 식품을 가공해 판매하는 기업이
있다. 흰점박이 꽃무지의 애벌레(굼
벵이)는 예로부터 천연 단백질 덩어
리로 불릴 만큼 단백질이 풍부하다.
이 애벌레를 사육하고 연구·개발해
비린내를 없애고 안동 특산물인 마,
아로니아, 연근 등을 적절히 배합해
영양을 골고루 섭취할 수 있도록 식
품 '화단비'를 가공했다. 분말과 환으
로 만들어 고객으로부터 좋은 반응을 얻고 있다. 최근에는 발효 식품과 결합한
새로운 제품도 선보이면서 수출을 위한 준비가 한창이고, 생산과 가공 공정을
체험할 수 있는 농장도 보유하고 있다. 곤충은 단백질 함량이 매우 높고 한의
학적으로도 효능이 입증되었다.

식탁에서 세 마리 토끼 잡기

① 푸드 마일리지 줄이기

푸드 마일리지는 식재료가 생산·운송·소비되는 과정에서 발생하는 환경 부담의 정도를 나타내는 지표를 말한다. 마일리지가 크면 클수록 원산지의 거리가 멀고, 먼 거리 이동 시 운송 과정의 탄소 배출이 많이 발생하며, 식품은 부패 방지를 위해 방부제나 첨가물 등 약품을 사용할 가능성이 높다. 푸드 마일리지 계산법은 식품 수송량 (t)×이동 거리(km)로 나타낸다. 2010년 국립환경연구원의 조사에 따르면, 우리나라의 1인당 푸드마일리지는 7,085t·km로 나타나는데, 일본(5,484), 영국(2,337), 프랑스(739)보다 훨씬 높다. 우리나라의 식탁이 다른 나라보다 온실가스를 더 많이 유발한다는 뜻이다.

푸드 마일리지를 줄이는 가장 좋은 방법은 식단을 '로컬 푸드'로 바꾸는 것이다. 최근 미국 뉴욕에서도 소규모 지역 농장들과 중간상인 없이 직접 만나 거래하는 그린 마켓이 인기가 높다. 생산자는 중간상인 없이 자신이 생산한 농산물을 직접 판매해 큰 이익을 얻을 수 있고 고정 거래처를 확보할 수 있다는 점도 큰 매력이다. 소비자는 믿을 수 있는 신선한 농산물을 값싸게 살 수 있다는 장점이 있다.

우리나라도 로컬 푸드 직매장들이 속속 생겨나면서 농부가 매일 아침 직접 생산한 농산물을 로컬 푸드 매장으로 가져와 포장 없이 진열해 당일 판매하는 것을 원칙으로 하고 있다. 소비자는 누가 어디서 어떻게 농사를 지었는지 확인할 수 있고 신선한 농산물을 바로 구매하면서 건강한 식탁을 만들고 환경오염도 줄일 수 있다.

[더 알아보기] 우뭇가사리로 만든 '양갱'

마린이노베이션의 양갱 세트

친환경 기업 '마린이노베이션'은 우뭇가사리 추출물로 양갱을 만들고 남은 부산물로 친환경 플라스틱과 목재 대체재를 만들어 지구온난화의 주범인 벌목을 줄이고 플라스틱으로 고통 받고 죽어가는 해양 생물을 보존하는 친환경 실천 기업이다. 제주 청정 지역에서 자란 최상 품질의 우뭇가사리를 원료로 사용한다. 우뭇가사리를 끓인 액을 여러 과정을 거쳐 한천을 만들어 양갱의 주원료로 사용한다. 팥, 골드키위, 검은깨, 감귤, 녹차, 초코, 고구마 등 7가지 맛의 프리미엄 양갱 세트는 선물용으로 인기가 높다. 부산물로 친환경 식품 포장재인 달걀판, 과일 트레이, 종이컵 등을 제조해 일회용 플라스틱과 목재 사용을 줄인다. 소비자들에게는 달달한 영양 간식을 제공하고 판매 수익의 일부를 환경 단체에 기부한다. 매달 정기적으로 환경 정화 활동도 전개하면서 해양 산업 육성 발전과 친환경 모범 기업으로 인정받아 2021년 6월 대통령 표창을 받기도 했다.

② 건강한 식단 만들기

채식 위주의 식단이 심혈관 질환, 암, 당뇨, 노화 예방에 효과가 있는 것으로 나타났다. 그러나 완전 채식 위주의 식단은 오메가-3 지방이 부족할 확률이 높아 도리어 심혈관 질환, 골다공증, 빈혈, 성장

지연 등의 역효과도 나타날 수 있다. 따라서 연어, 참치 등 생선을 섭취해 오메가-3 지방을 보충하고 우유 및 유제품을 섭취해 칼슘을 보충해야 한다. 계란 노른자와 유제품 등은 비타민D 보충에, 육류, 어패류 등은 비타민 B12 보충에 좋다.

가족의 건강 상태나 질병 여부에 따라 채식과 육식을 적절히 분배하는 세심한 배려가 필요하다. 건강한 식단을 위해 가족 맞춤형 메뉴도 고려해볼 일이다. 채식 중심으로 식단을 바꾸는 것도 천천히 진행하면 거부감도 적고 적응하기도 훨씬 쉬울 것이다.

③ 탄소포인트제도 활용하기

탄소포인트제도는 전기 요금 절약, 온실가스 감축, 인센티브 보상 등 일석삼조의 제도다. 가정이나 상업 시설, 공공기관, 학교 등에서 전기, 상수도, 도시가스 등 에너지 사용량 절감에 따라 탄소포인트를 제공하는 범국민 온실가스 감축 프로그램이다. 참여 방법은 환경관리공단(www.cpoint.or.kr)의 홈페이지에서 회원으로 가입하면 현재 에너지 사용량과 과거 2년간의 같은 월 에너지 사용량을 비교해 탄소포인트를 산정한다. 탄소포인트당 최대 2원(지자체 지원이 있으면 3원 이상도 가능) 범위 내에서 인센티브를 지급하는데, 지급 주기는 연 2회(6월, 12월)이며 현금, 그린카드 포인트, 상품권, 종량제 봉투 등을 자율적으로 선택하면 된다.

실내 적정 온도 유지, 사용하지 않는 콘센트 뽑아두기, 세수·양치·샤워 시 물을 받아서 사용하기, 세탁물은 모아서 한꺼번에 세탁하기, 절전형 조명으로 교체하기, 사용하지 않는 조명은 꺼두기, 냉장고 문 자주 여닫지 않기, 냉장고 음식 가득 채우지 않기 등을 실천해 에너지도 절약하고 탄소포인트도 받는다. 온실가스 감축률에 따라 전기는 연간 최대 6만 원, 수도는 8,000원, 가스는 3만 2,000원을 받을 수 있다.

자동차 탄소포인트제도는 승용·승합차의 운전자가 주행거리를 감축하거나 친환경 운전을 실시해 온실가스를 감축할 경우, 이에 따른 인센티브를 지급하는 제도다. 한국환경공단(car.cpoint.or.kr)에서 회원 가입을 하고 주행거리에 따라 연간 최대 10포인트까지 받을 수 있다. 경제 속도 준수하기, 급출발/급가속/급감속/급정지 하지 않기, 불필요한 공회전 하지 않기, 에어컨 사용량 줄이기, 자동차 가볍게 하기, 정보 운전을 생활화하기, 주기적으로 점검·정비하기, 유사 연료 및 비인증 첨가제 사용하지 않기, 친환경 자동차 선택하기 등으로 에너지를 절감할 수 있다. 또한 포인트도 받고 안전도 지키고 온실가스도 줄여 '1석 4조'의 효과를 기대할 수 있다.

세계의 친환경 도시들

세계 최초의 친환경 도시, 독일 프라이부르크

프라이부르크는 인구가 23만여 명이고 토지 면적의 42.5%가 숲으로 구성된 도시다. 거대한 숲으로 둘러싸인 도시지만 1960년대 말 산성비로 나무들이 죽어갔고 원자력발전소 건설을 반대하는 과정에서 시민들이 환경에 관한 위기의식을 가지게 되었다. 결국 시민들은 비폭력 저항 운동으로 결국 발전소 건설을 백지화시켰다. 게다가 환경보호에 자발적으로 동참하면서 새로운 에너지 정책을 도입할 것을 시에 강력히 요구했다.

이 요구를 받아들여 1986년 독일 대도시 최초로 환경보호 관련 부서를 설치하고 재생에너지 정책과 쓰레기 재활용 정책을 적극적으로 추진했다. 이후 환경 부시장이 환경 정책을 총괄하면서 중추적인 역할은 하지만 실천은 기업과 시민이 주도하도록 했다. 학술 단체, 대학교, 농림업 생산자 등이 모여 교육과 연구를 통해 대응책을 만들고 홍보도 했다. 특히 시민들에게 분리배출 방법을 교육하고 쓰레기 제로 운동도 펼쳤다.

일조량이 좋아 태양광도 확대하고 공공건물 등은 '저에너지 건축'만 허가하는 조례도 만들었다. 친환경 교통 정책으로는 보행자, 자전거, 대중교통이 편리하도록 설계했다. 환승 시스템을 만들고 대중교통 요금도 인하했다. 자동차는 주거 단지 입구 주차장에 세워야 하므로 자연스럽게 자전거 이용률이 높아졌다. 폐기물도 종이, 금속, 플라스틱, 유리를 별도로 수거했고, 바이오 폐기물도 별도로 수집해 바이오매스 에너지를 만들어 전력을 공급했다. 폐자원 재활용률은 2018년 기준 70%로 2020년 목표인 65%를 이미 초과 달성했다.

독일 프라이부르크에 위치한 아인강 호텔

대표적인 패시브하우스(에너지 낭비를 최소화한 건축물)인 아인강 호텔(Eingang Hotel)은 건물 외벽이 담쟁이로 뒤덮이도록 설계해 낮에는 태양열을 차단하고 밤에는 보온 효과가 있는 저에너지 구조다. 모든 전기를 100% 재생에너지로 사용해 관광객 유인 효과도 높였다. 이처럼 프라이부르크는 20년 후 미래를 내다본 정책과 아이디어로 독일의 환경 수도로 불리며 전 세계 최초의 친환경 도시, 미래 도시의 모델로 각광받고 있다.

위기의 도시에서 친환경 미래 도시로, 덴마크 코펜하겐

덴마크의 수도 코펜하겐은 약 30년 전 제조업이 무너지면서 매년 1만 2,000명 이상이 도시를 떠나는 죽음의 도시나 마찬가지였다. 시는 재정이 부족해 공공 자산을 민간 기업처럼 활용해 수익을 창출해야만 했다. 하지만 '저탄소 도시' 프로젝트를 추진하면서 전 세계가 부러워하는 도시로 변모했다. 오늘날 실현 가능한 친환경 정책 대부분을 확인할 수 있는 도시이기도 하다.

코펜하겐은 세계 최초로 탄소 중립을 선언하고 수많은 녹색 공간을 만들었다. 자전거도로를 확충해 약 390km의 자전거도로를 만들고 시민들이 자발적으로 동참해 40% 이상이 매일 자전거를 이용하고 있다. 자전거 문화가 정착되어 에너지 절감, 쾌적한 도시 조성, 시민들의 건강 증진 등 1석 3조의 효과를 거두고 있다. 모든 시내버스도 전기 자동차로 교체하고, 태양열로 움직이는 보트도 이용하고 있다. 건물 옥상은 정원으로 조성해 녹지 공간 확보, 도시 열섬화 방지, 냉난방비 절약, 소음 흡수 효과 등을 가져왔다. 지하철 역사도 햇빛이 들어오게 해 전기에너지를 절감하고 지하를 채광 좋은 공간으로 바꿔 도시의 지속 가능 발전과 환경문제 해결이라는 두 마리 토끼를 잡았다.

코펜하겐의 자전거도로 ©Viewpoint Vancouver

재생에너지 공급을 위해 바람이 많은 지역의 특성을 살려 대규모 해상 풍력 단지를 만들었다. 이곳은 현재 전력 공급의 46%를 차지할 정도로 중요한 역할을 하고 있다. 석탄 발전은 점차 줄이면서 밀

짚, 목재 팰릿(숲을 가꾸면서 발생하는 폐나무를 압축해 만든 목재 연료) 등 바이오 연료로 교체하고 있다. 목재 팰릿 등을 연소하는 과정에서 나오는 바이오 가스를 난방열로 전환하는 소각장도 만들었다. 이 소각장 옥상을 스키장으로 활용하고 주변에는 암벽 등반 시설과 아름다운 산책로 등을 조성해 시민들의 휴식 공간과 관광지로 활용되고 있다.

에너지 자립 성공 신화, 오스트리아 귀싱

월드서치연구소가 「지구환경보고서」(2009)에 기후변화 대응의 성공 모델로 소개한 도시가 바로 오스트리아의 소도시 귀싱(Güssing)이다. 귀싱은 바이오매스 자원을 활용해 유럽 최초로 에너지 자립에 성공한 도시다. 1990년까지 매우 가난한 마을이었던 귀싱은 옥수수, 해바라기, 목재 등을 생산하며 근근이 생계를 유지했다. 주민의 70%가 인근 대도시로 출퇴근하면서 서서히 주거지를 이전해 인구도 점차 줄었고 높은 실업률과 고령화로 도시 전체가 활력을 잃었다. 이런 문제 해결을 위해 도시는 새로운 도전을 시작했다. 풍부한 산림 자원을 활용한 에너지 자립을 선택한 것이다.

귀싱에서는 빌딩의 에너지 효율을 높여 에너지 소비량을 절반으로 줄였다. 도시의 46%가 숲으로 되어 있어 폐목재를 활용한 바이오매스 발전소를 만들어 주택 난방을 해결하고, 유채꽃 씨를 자동차

연료로 바꾸는 시설도 만들었다. 20년 만에 유럽 최초로 재생에너지를 이용한 전기, 냉난방 등 연료 에너지 100%를 자립한 도시로 변신하고 50개 이상의 에너지 기업이 입주해 1,100여 개의 일자리도 생겼다.

특히 유럽신재생에너지센터도 귀싱에 설립해 에너지 전문가들을 중심으로 정부, 연구소, 기업, 대학 등과 산학 연계 시스템을 만들어 바이오매스 외에도 태양광발전 등 다양한 연구가 진행되고 있다. 센터는 시범 시설 설치, 신재생 에너지 연구 및 개발, 인재 양성을 위한 교육, 신재생 에너지 컨설팅 사업, 신재생 에너지 생태 관광 서비스 등을 연구하고 실천에 옮겼다. 이와 같은 귀싱의 노하우와 기술로 오스트리아 120여 개 지역에 자립 모델을 판매했고, 전 세계 20여 개국에도 수출했다. 또한 연간 생태 관광 방문객이 종전의 1만 8,000명에서 30만 명으로 증가하면서 세계적인 생태 관광 명소이자 신재생 에너지의 모델 도시가 되었다. 귀싱의 성공 모델은 에너지 자립 마을을 넘어 친환경 도시의 미래상을 제시했다는 점에서 높이 평가받고 있다.

쓰레기 없는 도시, 슬로베니아 류블랴나

류블랴나(Ljubljana)는 동유럽의 작은 나라 슬로베니아의 수도다. 인구 30만 명의 이 도시는 유럽 최초로 쓰레기 제로를 선언했다. 구도심의 쇠퇴로 시민들이 교외로 빠져나가면서 도시를 대표하던 류블랴니차 강변은 마음 놓고 걸을 수 없을 정도로 무질서하게 변했다. 오랫동안 고심하던 시는 도심 재정비 사업을 결정했다.

2002년에 종이와 유리를 분리하는 작업부터 시작했다. 2006년에는 생분해가 가능한 쓰레기는 집집마다 직접 수거했다. 방문 수거 외에 가정용 폐기물 재활용센터를 만들었다. 2008년 쓰레기의 28%만 재활용했으나 현재 70% 정도를 재활용하고 있다. 적게 버리고 쓰레기는 분리해 재활용하거나 재사용하는 시민의식도 큰 몫을 했다. 철저하게 교육하고 계획된 쓰레기 관리 시스템이 있었기에 가능한 일이었다. 류블랴나 중심가는 자동차 출입이 금지되고 특수한 목적의 차량만 제한된 시간에 출입할 수 있다. 이제 시민들은 가까운 거리는 걷거나 자전거를 이용하는 것이 일상화되었다.

시민들의 편의를 위해 전기 자동차도 운영하고 있다. 시민뿐 아니라 관광객도 누구나 무료로 이용할 수 있다. 시내 곳곳에 깨끗한 물을 마실 수 있는 식수대도 설치해 생수병을 들고 다닐 필요가 없다. 플라스틱 생수병을 줄이는 효과도 있다. 이런 노력의 결과 2016년 유럽위원회가 주관하는 '유럽 녹색 수도' 시상식에서 류블랴나는 유럽 최고의 친환경 수도로 선정되었다. 유럽에서 최고의 친환경 도시이자 살기 좋은 도시로 인정된 이 도시는 전 세계인의 도시 모델과 관광 명소로 명성을 쌓아가고 있다.

정원의 도시, 미국 포틀랜드

포틀랜드는 미국 서부 태평양 연안에 위치한 항구도시다. 오리건 주에서 시애틀 다음으로 큰 도시로, 한 폭의 그림 같은 '정원의 도시'이자 '장미의 도시'로 알려져 있다. 1930년대부터 공업화가 시작되면서 제철, 조선, 자동차 제조 공업 도시로 급성장했다. 도시가 성장할수록 농지와 임야가 사라지고 환경이 오염되기 시작했다. 결국 1960년대부터 생활하수와 공장 폐수 등으로 도시는 환경오염이 극에 달했고, 도심을 관통하는 윌래밋강은 미국에서 가장 오염된 강으로 변했다. 스모그까지 극심해 시민들이 교외로 빠져나가면서 시내는 공동화되어 날로 쇠퇴해갔다.

도시가 더 이상 방치할 수 없는 수준으로 전락했을 즈음, 환경 보존을 공약으로 내세운 주지사와 도시를 가로지르는 고속도로 건설을 반대하던 시장이 재선에 성공했다. 이때부터 고속도로 건설을 위해 지원받은 연방 정부 자금으로 도심 대중교통인 라이트레일(고속 노면전차)을 건설했다. 또한 도시 개발을 위한 민관 협력 기관을 만들어 친환경 원칙을 적용하고 재생에너지를 최대한 사용하도록 했다. 시 면적의 12%는 녹지 공간으로 조성하고 개발을 최소화했다. 도시 교통 정책도 보행자 우선으로 하고 자전거 이용이 편리하도록 자전거도로도 조성했다. 도시의 환경 및 개발은 주민 참여를 바탕으로 정책을 결정하면서 결국 미국에서 가장 살기 좋은 도시로 변신했다.

포틀랜드의 대중교통인 라이트레일

특히 천혜의 자연환경을 살리고 스키와 트레킹 등 다양한 스포츠를 즐길 수 있는 명소들을 개발한 결과, 아웃도어와 스포츠 산업의 중심지로 부상했다. 나이키 본사와 아디다스 미주 본사 등 800여 스포츠 용품 회사들이 입주하면서 스포츠 산업의 메카로 변신했다. 마침내 인구가 30% 이상, 지역 총생산은 40% 이상 증가해 고용 창출과 소득 증가에 힘입어 미국 최고의 도시로 성장했다. 도시를 개발하면서 환경도 지킨 대표적인 성공 사례로 꼽히고 있다.

3부

미래의 기회

그린 뉴딜과 신재생 에너지

화석연료의 종말

산업화 이후 화석연료의 무분별한 배출로 지구온난화가 급속하게 진행되어 기온 상승, 기상 이변, 해수면 상승, 해류 변화, 극지방 빙하 소멸, 농작물 재배지 북상, 해안 침수, 병충해 증가 등 수많은 문제가 야기되고 있다. 이러한 전 지구적 문제를 해결하려면 화석연료 감축과 더불어 대체재인 신재생 에너지의 사용을 확대해야 한다. 미래 에너지 산업을 육성해 일자리 창출과 탄소 제로 사회로 나아가는 것은 이제 시대적 사명이자 인류 생존의 마지막 기회다.

『육식의 종말』(시공사, 2002), 『수소 혁명』(민음사, 2003), 『3차 산업혁명』(민음사, 2012) 등 베스트셀러 작가로 유명한 제러미 리프킨은 최근 출간한 저서 『글로벌 그린 뉴딜』(민음사, 2020)에서 다음과 같이 말했다. "풍력 에너지와 태양에너지 발전 비용이 급락하고 있다. 석탄과 석유보다 저렴해지면서 2028년쯤 화석연료 문명은 붕괴하고, 친환경 인프라 생태계가 형성될 것이다." 이는 풍력 에너지와 태양에너지가 전 세계 전력의 14%를 차지하는 시점부터는 에너지 전환이 급속도로 진행되기 때문이라고 했다. 또한 "정보 통신 기술(ICT), 전력, 운송 및 물류, 건축 등 지구온난화에 가장 책임이 있는 4대 핵심 부분이 화석연료 산업과 절연하고, 저렴하고 새로운 '그린 에너지'를 선택하게 될 것이며 발전소, 정유소 등 100조 달러(약 11경 원)에 달하는 화석연료 사업이 좌초하게 될 것"이라고 경고했다.

이미 미국의 대표 석유 기업 엑슨모빌이 92년 만에 다우존스에서 퇴출당했다. 불과 몇 년 전인 2014년에는 국제 유가가 배럴당 100달러를 웃돌아 시가총액 4,460억 달러(약 491조 원)를 기록하며 세계 최대 기업의 반열에 올랐었다. 하지만 2020년 8월 시가총액 172억 달러(약 19조 원)로 전성기의 3.87% 수준으로 추락했다. 이는 화석연료 기업의 종말을 알리는 서곡이었다.

제러미 리프킨은 2028년 화석연료 문명의 종말을 예고하며 대전환의 핵심은 '그린 뉴딜'이라고 했다. 이제 얼마 남지 않았다. 이 새로운 세상에 어떻게 적응하느냐에 따라 각국의 운명이 달라질 것이다. 우리나라는 세계 7위 이산화탄소 배출국이자, 세계 4위 석탄 수입국이며, 세계 최대 석탄 투자국 중 하나다. 더구나 1인당 온실가스 배출량의 가파른 증가, 온실가스 감축 목표의 불충분, 석탄 화력발전소 수출 등으로 '기후 악당'이라는 평가를 받기도 한다. 현재 국내

석탄 발전소 59기와 신규 건설하는 발전소 14기 등 총 73기가 2029년까지 가동된다. 앞으로 기후 위기에 대한 정책이 미흡하거나 기업의 대응이 불충분할 경우 한국의 위상은 떨어질 뿐 아니라 기업의 수출에도 막대한 타격이 예상된다.

환경과 사람 중심의 그린 뉴딜

미국 루스벨트 대통령이 1929년 경제 대공황에서 벗어나기 위해 추진했던 정책이 뉴딜이다. 여기서 따온 '그린 뉴딜(Green New Deal)'이란 표현은 칼럼니스트이자 작가인 토머스 프리드먼이 저서『코드 그린』(21세기북스, 2008)에서 가장 먼저 언급했다. 친환경적이고 재생 가능한 에너지 및 기술로 전환하는 거대한 프로젝트를 그린 뉴딜이라고 말하면서 기후 위기와 미국의 인프라 혁신을 위해 신산업 육성, 녹색 일자리 증가, 기후 위기 대응이 필요하다고 강조했다. 이후 2008년 오바마의 대선 핵심 공약도 '그린 뉴딜'이었고, 2009년 유엔환경계획(UNEP)에서도「글로벌 그린 뉴딜」보고서를 발표하기도 했다.

조 바이든 미국 대통령의 당선 첫 메시지가 '그린 뉴딜'이다. 미국이 파리 기후 협약에 다시 가입하고 2050년 경제 전체의 탄소 중립 달성 목표를 이루겠다는 의지를 강력하게 표명하면서 앞으로 4년간 2조 달러를 투자해 일자리 1,000만 개를 창출하고 청정에너지·인프라 계획도 추진하겠다고 발표했다. 그린 뉴딜은 친환경 신재생 에너지 산업 인프라를 구축하고 관련 산업을 육성함으로써 에너지 구조를 전면적으로 조정해 고용과 노동까지 아우르는 혁신을 가져오는 것이다. 특히 코로나19 확산으로 세계 각국이 경제적으로 심각한 타격을 받은 상황에서 이를 극복하기 위한 수단으로 그린 뉴딜을 추진하게 되었다.

① 유럽의 그린 뉴딜

유럽의 그린 뉴딜은 2019년 출범한 새 유럽연합(EU) 집행위원회가 새로운 성장 동력으로 '유럽 그린 딜'을 발표하면서 시작되었다. 유럽연합은 파리 협정 이행을 위해 2030년까지 1990년 대비 40%의 온실가스 감축 목표를 달성하고자 적극적인 정책을 추진했다. 이 과정에서 2020년 3월 '유럽 그린 딜'의 실천에 법적 구속력을 부여하기 위해 「유럽 기후 법안」이 제안되었고 그해 10월 유럽연합 27개국 환경부 장관들이 해당 법안에 합의했다.

'유럽 그린 딜'은 2050년까지 탄소 중립을 목표로 한다. 기후변화에 대응하면서 환경문제와 경제적 문제까지 해결해 경쟁력을 확보하겠다는 것이다. 유럽연합은 1990년부터 2018년까지 경제 규모가 61%나 성장하면서 온실가스는 23%를 줄여 모범적인 사례로 평가받고 있다. 독일을 비롯한 유럽 국가들은 화석연료 문제의 심각성을 인식하고 30년 전부터 신재생 에너지 전환을 추진하면서 에너지, 산업 및 순환 경제, 건축, 수송 등 4개 분야의 정책을 제시했다.

에너지 분야는 화석연료 사용량을 지속적으로 줄이고 풍력과 태양광을 꾸준히 늘려 재생에너지 선진국에 진입하려고 노력해왔다. 산업 및 순환 경제 분야에서도 생산 단계부터 재활용이 가능한 제품을 생산해 에너지 소비량과 탄소 배출량을 줄이는 것을 목표로 제시했다. 유럽연합 내 재활용률은 12% 정도 되는데, 앞으로 재활용을 더욱 늘려갈 계획이다. 건축 분야에서는 저에너지 건축과 제로 에너지 건축을 유도하고, 고효율 단열재와 친환경 자재를 사용하며, 친환경 인증 제도를 도입하고 있다. 수송 분야에서도 2050년까지 배출량을 90%까지 줄인다는 파격적인 계획을 세웠다. 유럽연합은 내연기관 자동차의 판매 금지까지 추진하고, 육상 화물 운송은 에너지 효율이 높은 철도, 해상, 운하로 전환한다는 계획이다.

이처럼 유럽연합은 환경과 경제를 함께 고려하면서 경쟁력을 확보하고 신재생 산업의 육성과 일자리도 창출한다는 그린 뉴딜 정책을 추진하고 있다.

② 미국의 그린 뉴딜

2019년 미국 의회에서는 그린 뉴딜 결의안이 제출되고 111명의 의원들이 서명하면서 그린 뉴딜이 시작되었다. 기후변화 대응에서 한발 더 나아가 미국 경제를 재건하는 데 초점을 맞추었고, 3대 핵심 목표는 온실가스 감축, 일자리 창출, 사회 불평등 해소다. 탈탄소 경제, 탈탄소 교통, 탈탄소 인프라 등에 대규모 투자를 진행해 완전 고용과 사회정의를 추구하는 새로운 정책이다.

2020년 미국 대선에 출마한 바이든도 '그린 뉴딜' 정책을 공약으로 제시했다. 저탄소 친환경 정책을 내세운 바이든은 온실가스 감축, 친환경 인프라 투자, 녹색 일자리 창출 등 기후변화 대응책을 내놓았다. 바이든 대통령은 취임 즉시 파리 기후 협약에 가입 서명을 하면서 강한 실천 의지를 보여주었다. 바이든 대통령은 기후 정상 회의에서 종전에 오바마 대통령이 제시한 2005년 대비 2025년까지 온실가스 감축 목표인 26~28%를, 2030년까지 50~52%로 상향 조정했다. 바이든 정부는 이 목표에 도달하기 위해 전력과 교통 부문의 온실가스 감축 규제와 지원 정책을 발표했다. 그린 뉴딜 예산 규모도 오바마 정부의 900억 달러보다 파격적으로 많은 7,000억 달러를 넘어설 것으로 보인다.

바이든 정부는 국무장관을 역임한 존 케리를 '기후변화 특사'로 임명해 기후변화 대응에 박차를 가하고 있다. 존 케리 특사는 "앞으로 10년이 가장 중요하다"며 각국이 2030년까지 약속한 국가온실가스감축목표(NDC)를 달성해야 한다고 강조했다. 또한 "기후변화 대응은 엄청난 혜택을 가져다준다"면서 가장 빠르게 증가하는 일자리가 풍력발전이었고, 세 번째 많이 성장한 일자리도 태양광 분야라고 말했다. '2050 넷 제로'를 달성해 더 깨끗한 물과 더 맑은 공기, 더 나은 건강, 더 풍요로운 미래로 나아가고, 미래 세대인 아이들에게 안전하고 건강한 세상을 물려주자고 목소리를 높였다.

③ 한국의 그린 뉴딜

한국의 그린 뉴딜은 코로나19로 최악의 경기 침체와 일자리 충격에 직면한 상황에서 위기를 극복하고 코로나 이후 글로벌 경제를 선도하기 위해 마련한 국가 발전 전략이다. 2020년 5월 추진 방향을 발표하고 7월에는 추진 계획을 발표했다. 한국판 그린 뉴딜 2.0은 크게 디지털 뉴딜과 그린 뉴딜, 그리고 휴먼 뉴딜로 확대해 재설계했다.

그린 뉴딜은 경제 기반의 친환경 저탄소 전환 가속화를 위해 온실가스를 감축하고 재생에너지를 확대한다는 계획이다. 사람-환경-성장이 조화되는 그린 국가를 지향하며, 도시·공간·생활 인프라의 녹색 전환, 저탄소 분산형 에너지 확산, 녹색 산업 혁신 생태계 구축 등 3가지 분야로 구분했다. 대표 과제는 그린 리모델링, 그린 에너지, 친환경 미래 모빌리티, 그린 리모델링이다. 구체적으로 스마트 그린 산업 단지를 통해 스마트·친환경 제조 공간으로 전환한다.

첫째, 그린 리모델링은 민간 건물의 에너지 효율 향상 유도를 위해 공공 건축물이 선도적으로 태양광 설치, 친환경 단열재 교체 등 에너지 성능을 강화한다는 계획이다. 둘째, 그린 에너지는 태양광, 풍력(육상, 해상) 등 신재생 에너지 산업 생태계 육성을 위해 대규모 연구 개발, 실증 사업 및 설비 보급 확대에 9조 2,000억 원을 투자한다. '친환경 미래 모빌리티'는 온실가스 및 미세 먼지 감축과 글로벌 미래 자동차 시장 선점을 위해 전기·수소 자동차 보급 및 노후 경유차·선박의 친환경 전환 가속화에 20조 원 이상을 투자한다는 계획이다.

또한 안전한 국토 생태계 조성을 위해 2025년까지 도시 훼손지와 국립공원 생태 복원을 추진한다. 휴먼 뉴딜은 고용 사회 안전망에 청년 정책과 격차 해소를 추가해 사람이 중심이 되는 경제 성장을 추진한다는 것이다.

신에너지에는 무엇이 있는가?

신재생 에너지(재생 가능 에너지)는 신에너지와 재생에너지를 합쳐서 부르는 말이다. 「신에너지 및 재생에너지 개발·이용·보급 촉진법」에서 '신에너지'에는 수소에너지, 연료전지, 석탄 액화·가스화 및 중질잔사유(원유를 정제하고 남은 타르 같은 최종 잔재물)를 가스화한 것을 포함시켰다. 석탄이나 원유를 가스화한 에너지에는 석탄가스화발전(IGCC) 설비가 포함되는데, 이 에너지는 대기오염 물질과 온실가스를 배출해 지구온난화를 초래하기 때문에 '친환경 에너지'가 될 수 없으며 수소에너지나 연료전지는 화석연료인 원유나 천연가스를 통해 만들어지므로 친환경이 아니라는 것이다.

또한 「신에너지 및 재생에너지 개발·이용·보급 촉진법」에서 '재생에너지'는 햇빛, 물, 지열, 강수, 생물 유기체 등을 포함하는 재생 가능한 에너지를 변환시켜 이용하는 에너지로 정의한다. 태양에너지, 풍력, 수력, 해양 에너지, 지열 에너지, 생물자원을 변환시켜 이용하는 바이오 에너지, 폐기물 에너지로 구분하고 있다.

현재 국제에너지기구(IEA)에서는 폐기물 에너지, 수소에너지, 연료전지, 석탄 가스화 등을 재생에너지로 인정하지 않고 있어 국제기준의 재생에너지 발전 비율의 통계가 국내 통계와 달라진다. 한국전력공사의 통계(2020년판 전력통계속보)에 따르면, 2020년 기준 국내 에너지원별 발전비율은 석탄(35.6%), 원자력(29%), 가스(26.4%), 신재생(6.6%), 석유(0.4%) 순이다.

신재생 에너지의 국제에너지기구(IEA) 기준과 각국의 기준

(O은 전부 인정, △는 부분 인정)

구 분		IEA	EU	미국	일본	한국
태양열		O	O	O	O	O
태양광		O	O	O	O	O
풍 력		O	O	O	O	O
수 력		O	O	△	O	O
지열	화산	—	O	—	O	O
	심부 (깊은 지하)	—	O	—	O	O
	천부 (1km 이내 지하)	O	O	O	O	O

바이오매스	△	O	O	O	O
폐기물	—	△	△	△	O
매립지 가스	O	O	—	O	O
해양 에너지	—	O	△	△	O
수소	—	—	—	—	O
연료전지	—	—	—	—	O
석탄가스화	—	—	—	—	O
중질잔사유	—	—	—	—	O

① 연료전지

연료전지는 수소와 산소의 화학반응으로 생기는 화학에너지를 직접 전기에너지로 변환시키는 기술을 말한다. 생성물이 전기와 순수(純水)이고 발전 효율 30~40%, 열효율 40% 이상으로 총 70~80%의 효율을 갖는 신기술이다.

연료전지 시장은 1세대 PEMFC(고분자전해질 연료전지) 및 PAFC(인산형 연료전지), 2세대 MCFC(용융탄산염 연료전지)에 이어 차세대 연료전지인 3세대 SOFC(고체산화물 연료전지)가 상용화되어 시장 움직임이 가속화되고 있다. 연료전지는 발전용 외에 건물용, 수송용, 휴대용 등 활용 분야가 다양하다. 글로벌 시장 규모도 2019년 약 103억 달러(약 11조 원)이며 발전용 연료전지 산업이 시장 성장을 견인하고 있다.

연료전지는 운전 효율이 높고 소규모 분산 발전이 가능하고 친환경적이고 충전 속도가 빠르다는 장점이 있다. 하지만 생산 비용이 높고, 부식 문제, 저장·운송 기술 부족, 고압 수소에 대한 불안감, 인프라 부족 등 아직 해결해야 할 과제가 많다.

② 수소에너지

수소에너지는 물, 유기물, 화석연료 등의 화합물 형태로 존재하는 수소를 연소시켜 얻어내는 에너지를 말한다. 물의 전기분해로 제조할 수 있고 가스나 액체 형태로도 수송할 수 있는 무공해, 무소음, 무한정의 청정에너지다. 그러나 생산과정에서 수소가 손실되는 효율성 문제와 거대한 시설 투자비 등이 해결해야 할 과제다. 현재 사용 가능한 기술이 제한적이고 가격이 비싸고 안전성에 대한 우려가 존재하므로 소규모 시범 사업으로 시작해 단계적으로 접근하면 장기적으로 미래의 새로운 에너지원으로 지구온난화와 미세 먼지를 해결하는 친환경 에너지가 될 것이다.

최근 고효율 친환경 에너지원인 수소에 대한 연구가 활발하다. 특히 모빌리티 분야의 수소 자동차(승용차, 버스, 택시, 트럭 등)와 선박, 열차, 드론 등에 활용할 것으로 보인다. 우리나라 산업통상부에서도 2019년 1월 '수소 경제 활성화 로드맵'을 발표했고, 2020년 2차 로드맵이 나오면서 더욱 구체화되고 있다.

수소에너지의 장점은 첫째, 범용성이다. 천연가스, 석유 등 화석연료 외에 물, 바이오매스 등의 에너지원에서도 생산이 가능하고, 운송용 연료로도 활용이 가능하다. 둘째, 편리성이다. 가스 형태의 에너지로 파이프를 통한 공급이 가능하다. 대용량으로 장기간 저장할 수 있어 장거리 수송도 가능하다. 셋째, 효율성이다. 수소의 질량당 에너지는 휘발유의 4배, 천연가스의 3배 수준으로 효율이 최고 95%까지 가능하다. 넷째, 설치의 용이성이다. 다섯째, 친환경성이다. 산소와 화학반응을 일으켜 열과 전기를 생산한다. 여섯째, 자원의 무한성이다. 수소는 우주 질량의 75%를 차지하는 무한한 자원이다.

이미 현대자동차는 2013년 '투싼' 수소 자동차를 양산하고, 2018년에는 '넥쏘' 수소 자동차를 출시해 수소 전기 자동차의 가능성을 입증했다. 향후 발전(發電)에 사용되는 고정용 연료전지와 휴대용 연료전지의 개발이 완성되면 무인 로봇, 드론, 전동 카트, 전기 자전거 등 다양한 분야에 활용할 수 있다. 그러나 대량 제조 기술과 저장, 운반, 이용 기술 등 해결해야 할 과제가 남아 있다. 수소 생산 과정에서 화석연료로 생산한 전기를 많이 소비하고 이산화탄소를 배출하기 때문에 친환경이 아니라는 의견도 있다. 자동차에 활용될 경우, 전기차와 수소 차의 경제성을 비교할 때 수소 차는 높은 차량 가격, 과다한 충전소의 설치비 및 운영비로 경제성 문제가 대두되고 있다. 특히 국제에너지기구 등은 신에너지에 관한 규정이 없고, 수소를 재생에너지로도 분류하지 않았기 때문에 재생에너지 통계에서 수소에너지가 제외된다.

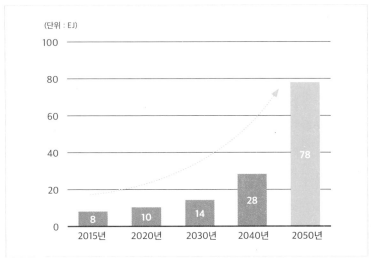

(단위 : EJ)

2015년	2020년	2030년	2040년	2050년
8	10	14	28	78

[출처: 미래에셋대우 리서치센터]

③ 석탄액화와 석탄가스화

석탄액화는 석탄에 산소와 증기를 넣어 고온과 고압에서 합성가스를 얻고 이를 다시 액화시켜 정제한 후 휘발유와 경유를 만들어내는 기술이다. 석탄가스화는 석탄에서 산소와 수소를 반응시켜 합성가스를 만드는 기술인데 이를 '석탄가스화 복합 발전(IGCC)'이라고 한다.

석탄가스화 기술의 장점은 터빈에서 방출되는 열을 모아 다시 전기를 생산한다는 점이다. 따라서 석탄액화보다 경제적이며 기술적으로도 안정되어 있다는 평가를 받고 있다. 친환경 기술이긴 하지만 장치 산업이라 투자 비용이 높고 화석연료를 사용한다는 단점이 있다. 발전 효율이 높지만 원재료가 화석연료인 석탄이라 '탈석탄' 정책이 지속되면 빛을 보기 쉽지 않다.

재생에너지에는 무엇이 있는가?

① 태양광발전

태양광발전은 태양의 빛에너지를 변환시켜 전기를 생산하는 발전 기술이다. 햇빛을 받으면 광전 효과에 의해 전기를 발생하는 태양전지를 이용한다. 태양광발전 시스템은 태양전지로 구성된 모듈, 고축전지 및 전력 변환 장치로 구성되어 있다. 국내에서는 원자력과 석탄 발전을 줄이고 재생에너지 발전량을 2030년까지 20% 수준으로 높이겠다는 정책에 따라 정부 보조금과 생산된 전력을 구입해주는 혜택을 업고 태양광발전소가 우후죽순처럼 생겨나고 있다.

그러나 태양광발전의 치명적 단점은 낮은 효율성이다. 현재 발전 효율은 평균 12% 정도다. 수력발전이 80~90%, 화력발전이 45~50%, 원자력발전이 30~40%의 효율을 보인 것과 비교하면 매우 낮은 수준이다. 또한 태양광발전은 상당히 많은 부지가 필요하고, 발전 단가가 높고, 수명이 15~20년으로 짧은 편이고, 폐패널 문제도 있다. 날씨에 따른 일사량의 변동, 습도, 오염, 노화 등 다양한 변수가 효율을 저하시키는 요인으로 작용할 수 있다. 하지만 무제한의 무료 자원을 활용하고 공해가 없는 긍정적인 면도 있다. 이미 미국, 독일, 호주 및 중동 석유 생산국조차도 태양광에 대규모 투자를 아끼지 않는다.

중국은 가장 적극적으로 태양광발전에 투자하고, 미국은 단독주택에 태양광 설치를 의무화하며 재생에너지를 통한 에너지 자급자족을 독려하고 있다. 독일은 재생에너지에 가장 먼저 가장 많은 생산 시스템을 만들었다. 마이크로소프트사 빌 게이츠 전 회장은 2015년 유망한 미래 기술 세 가지를 발표했는데, 그중 두 가지가 태양광 에너지 관련 기술이었다. 첫 번째는 태양광으로 물에서 수소를 분리해 에너지로 사용하는 기술이고, 두 번째는 태양광 페인트를 통해 건물이나 자동차, 휴대폰 표면에서 전기를 만드는 기술이다. 이외에도 태양광이 인공지능, 빅데이터, 블록체인, ESS(에너지 저장 장치) 등과 융합한 혁명적 기술로 진화한다면 그 가능성은 무한하다.

최근 환경부는 별도의 토목공사나 자연 훼손이 없는 수상 태양광을 확대 보급하고 있다. 향후 3년간 합천댐, 군위댐, 충주댐, 소양강 댐, 임하댐 등 5개 댐에서 총 147.4MW 규모의 수상 태양광 사업을 추진한다. 2021년 12월에 준공 예정인 합천댐 수상 태양광 사업에는 주민들이 투자에 참여한다. 총 사업비의 4%를 주민들이 투자해 향후 20년 동안 연간 4~10%의 수익을 가져가도록 한다는 계획이다.

2019년 미국 잡지 『타임』은 '올해의 100대 최고 발명품'으로 한국 기업 요크의 솔라카우(Solar Cow)를 선정했다. 또한 CES(세계 최대 가전 전시회)에서 '더 나은 세상을 위한 혁신상', 독일 친환경상인 '그린 어워즈'를 수상하는 등 국내보다 해외에서 우수성을 더 인정받았다. 솔라카우는 개발도상국을 위한 태양광발전 시스템으로 소 모양의 태양광에서 전기를 생산한다. 아프리카 어린이들이 낮 시간 학교에 있는 솔라카우에서 생산된 전기를 방과 후 집으로 가져가 공부할 수 있도록 설계해 학습 기회를 제공한 공로가 인정된 것이다. 기업의 영리보다 전기가 없어 공부할 기회를 갖지 못하는 어린이들의 미래를 밝게 밝혀준 아름다운 기업이자 ESG를 실천한 기업이다.

아프리카에 설치된 태양광발전 시스템 솔라카우 ©TIME   솔라카우의 태양광 충전기 ©YOLK

② 태양열발전

어릴 적 볼록렌즈로 빛의 굴절 현상을 이용해 검은색 종이에 구멍을 뚫거나 불을 붙여본 경험이 있을 것이다. 한 시간 동안 지표면에 도달하는 태양에너지의 양은 전 인류가 1년 동안 소비하는 에너지의 양과 맞먹는다. 이런 태양열을 모아 물을 끓이고, 이때 나오는 증기로 발전 터빈을 돌려 전기를 생산하는 것이 태양열발전이다. 즉, 태양으로 오는 복사광선을 흡수해 열에너지로 변환시키거나 저장시켜 건물의 난방 및 급탕, 산업 공정열, 발전 등에 활용한다. 태양열발전기는 집열부, 축열부, 이용부, 제어장치 등으로 구성되어 있다.

태양광발전과 태양열발전은 다르다. 태양광은 태양의 빛에너지를 이용한 기술이고 태양전지의 광전 효과로 전기를 생산한다. 태양열은 복사광선을 모아 열 발전 장치를 통해 온수와 전기를 생산하는 방식으로 집열 기술이 핵심이다. 태양광은 햇빛이 없거나 저녁 시간에는 전기 생산이 어렵지만 태양열은 낮에 열을 저장해놓았다가 밤에 활용할 수 있다. 일몰 후 최대 7시간 정도는 추가 발전이 가능하다. 다만, 전력을 생산하는 데 300℃ 이상 고온의 태양열 에너지를 이용하기 때문에 건물의 난방 및 온수 공급을 위한 저온의 태양열 에너지를 이용하는 태양열 온수기와는 다르다. 타 열원과 연동해야 하는 번거로움과 지리적 조건, 빛 반사 이슈(민원) 등으로 보급이 저조한 상황이다. 물이 부족한 중동이나 북아프리카 등에서는 태양열의 의한 해수 담수화 처리가 확산되고 있으나 유가 하락과 지원 제도 철폐로 성장에 어려움을 겪고 있다.

③ 풍력발전

풍력발전은 바람의 힘으로 날개(블레이드)가 회전하면서 발생하는 기계 에너지를 발전기를 통해 전기에너지로 변환하는 발전을 말한다. 무한 에너지인 바람을 이용하므로 환경오염이 크게 발생하지 않고 바람만 있으면 안정적으로 전기를 만들 수 있다. 풍력은 전 세계 재생에너지의 약 25%를 차지하고 세계 총 전력 생산 중 약 5.5%에 이르고 있다. 풍력은 크게 육상 풍력과 해상 풍력으로 구분하는데, 둘 다 친환경 발전이고 화석연료보다 발전 단가가 낮다. 그런데 육상 풍력의 경우 주로 산에 설치하기 때문에 산림 훼손, 불안정한 전기 생산, 동물 보호, 자연재해 시 위험성 등이 문제가 되어 최근에는 해상 풍력이 증가하는 추세다.

현재 세계 각국의 풍력발전 용량을 보면 중국이 세계 1위이고 400여 개의 풍력 제조업체에서 2025년까지 풍력 설비 연간 50GW를 설

날개 없는 풍력 발전기 볼텍스 블레이드리스 ⓒVortex Bladeless

치한다는 목표를 가지고 있다. 2060년에는 3,000GW까지 목표로 하고 있다. 현재 풍력발전의 미래 기술도 나날이 발전해 날개 없이 바들바들 떠는 방식의 풍력발전기(스페인 벤처기업의 볼텍스 블레이드리스)가 개발되었다. 도넛 모양의 풍선 안쪽에 회전 날개를 달아서 하늘에 띄우는 방법도 개발하고 있다(미국 알테이로스 에너지스).

미래테크의 풍력발전기

풍력발전기와 태양광을 융합한 하이브리드형 가로등을 국내 기업이 개발했다. 미래테크(대표이사 박희천)는 소음이 적고 내구성이 뛰어나 태풍에도 안전하며 조형미가 우수한 소형 풍력발전기를 제조하는 회사다. 신재생 에너지 유공 산업통상부장관상, 열린 고용 유공 산업 포상, 대한민국 기술경영인 대상, 도전 한국인 대상 등을 수상한 기업이다. 루프(Loop)형의 날개로 저소음과 안정성이 확보되고 높은 효율성으로 기존의 풍력발전기가 해결할 수 없었던 문제를 해결해 주거 지역에 설치 가능하다. 강풍 시 회전수 상승을 억제하고 24시간 가동이 가능한 혁신적인 풍력발전기로 LED 전광판, LED 전구, 시계, 배너 게시판 등을 융합한 친환경 풍력발전기로 전국에 300여 대, 해외 7개국에 100여 대가 이미 가동 중이다. 특히 유치원 등에 설치된 발전기는 미세 먼지 농도를 측정해 알려주는 기능이 추가되었고, 미세 먼지 농도가 '매우 나쁨'으로 나오면 자동으로 미스트를 분사해 주변의 미세 먼지 농도를 낮추기도 한다. 홀로그램과 융합해 3D 입체 영상으로 교통

상황과 날씨 상태를 보여주는 디스플레이로 진화를 거듭하고 있다. 최근 국제 기구인 세계녹색기후기구(IO-WGCA)로부터 국제 표준 녹색 기술 상품으로 인증받아 중국 등 해외 수출의 길도 활짝 열렸다.

④ 바이오 에너지

바이오매스를 원료로 만든 에너지를 바이오 에너지라 총칭한다. 바이오매스는 식물과 미생물의 광합성에 의해 생성되는 식물체와 이를 먹고 살아가는 동물체를 포함하는 생물 유기체를 말한다. 바이오 에너지의 생산 원료인 바이오매스는 유기성 폐기물, 농림 부산물, 에너지 생산 목적으로 경작된 작물을 포함한다. 종류로는 목질계 바이오매스, 농산물계 바이오매스, 삼림 바이오매스 등이 있다.

바이오매스를 에너지로 전환하는 기술은 직접 연소법, 열화학적 변환법, 생물화학적 변환법으로 구분할 수 있다. 식물류를 에스테르화해 얻는 바이오 디젤 제조 기술이나 바이오 펠리트 제조 기술 등이 있다. 바이오 에너지의 장점은 화석연료보다 온실가스를 적게 배출하고 열과 전기뿐만 아니라 난방 또는 수송용 연료의 형태로 생산할 수 있다는 점이다. 그런데 폐식용유, 볏짚, 목재 등을 사용하기도 하지만 사탕수수, 옥수수, 콩, 야자유 등 인류의 식재료 사용으로 식량 부족에 따른 거부감과 연소 과정에서 미세 먼지나 온실가스의 배출로 환경을 해친다는 여론이 있어, 이에 대한 기술적 대안이 필요하다.

실제 유럽은 바이오 에너지에 관심이 높고 유럽연합의 재생에너지 중에서 바이오매스가 차지하는 비중은 2000년 10%에서 2020년 24%로 지속적으로 증가하고 있다. 특히 3세대 바이오매스인 미세조류에 대한 연구도 활발하다. 스피루리나로 알려진 미세 조류는 바이오 에탄올과 같은 에너지 외에도 화장품, 비누, 된장, 건강식품과 농업, 어업, 과수업에도 활용이 가능해 크게 주목을 받고 있다.

[더 알아보기] 산림 바이오매스에 앞장선 ㈜나무와에너지

목재 펠릿으로 활용할 산림 바이오매스

매년 우리의 산에는 숲 가꾸기 산물, 벌채 부산물, 병충해 피해 나무 등 약 400만㎥의 미 이용 산림 바이오매스가 발생한다. 매년 25t 트럭 16만 대 만큼의 거대한 양이다. 이를 방치할 경우 화재 확산의 원인, 산사태나 홍수 등 재난 시 피해를 가중시킨다. 이 자원으로 목재 펠릿을 만들면 약 100만톤을 만들 수 있는데 수거 비용 문제로 대부분 수입에 의존하고 있다.

현재 전국 3개 지역에 산림 에너지 자립 마을이 조성되어 열과 전기를 동시에 생산할 수 있는 소형 열병합발전소 시범 사업을 추진하고 있다. 분산형 바이오매스에너지 공급사업을 국내에서 선도적으로 추진중인 (주)나무와 에너지의 이승재 대표는 "독일은 버려진 나무를 에너지로 사용한다"면서 2005년 독일에서 우드 펠릿을 운영하다 2017년 국내에 들어와 산림 바이 오매스 솔루션을 제공하면서 홍보 대사 역할을 하고 있다. 산림 바이오매스는 연간 148만 톤의 온실가스를 감축할 수 있으며, 목재 펠릿은 유연탄 대비 대기오염 물질이 1/20에 불과해 미세 먼지 저감에도 기여할 수 있다. 또한 지역 기반 일자리 창출과 연간 500억 원의 외화도 절감한다.

⑤ 원자력 에너지

원자력이란 핵분열이 연쇄적으로 일어나면서 생기는 에너지를 말하며, 원자력발전은 이 원자력을 동력으로 전기를 만드는 것이다. 원자력발전의 연료는 우라늄인데, 1g의 우라늄이 핵분열 시 나오는 에너지는 석유 9드럼 또는 석탄 3t이 연소할 때 내는 에너지와 같다. 따라서 저렴한 비용의 발전이지만 사용 후 발생하는 방사성폐기물의 처리 비용이 엄청나다. 게다가 지진, 해일 등에 의한 사고의 위험성 등이 논란이 되고 있다.

최근에는 원자력발전의 새로운 방안으로 소형 모듈 원자로(SMR, Small Modular Reactor) 기술 개발이 활발하다. 기존 원전보다 크기나 출력은 작지만 모듈형으로 설치가 용이하고 경제성도 높다. 원자력발전은 핵분열 연쇄반응을 일으키면서 엄청난 열이 발생하는데 그 열로 물을 데우고 증기를 만들어 증기의 힘으로 터빈을 돌려 전기를 생산하는 발전이다. SMR은 원자로, 증기 발생기, 냉각재 펌프, 가압기 등을 모듈 형식으로 소형화하고 압력 용기에 들어 있어 구조가 간단하고 방사능이 외부로 유출될 위험을 크게 줄일 수 있다는 장점이 있다. 아직 완벽한 기술로 완성된 건 아니지만 한국은 스마트 원전 기술을 보유하고 있으므로 개발 가능성이 높다.

빌 게이츠는 4세대 원전 스타트업인 '테라파워'를 설립해 2029년까지 345MW(메가와트) 규모의 전기를 생산하겠다고 발표했다. 이 규모는 25만 가구에 전기를 공급할 수 있는 용량이다. 특히 냉각재로 사용하는 물 대신에 원자로에서 발생하는 열을 액체 소듐으로 식히는 방식(SFR)이다.

주요국의 원자력발전 정책

국가	정책 내용
미국	기존 원전 유지, 원전 수출 경쟁력 확보에 주력
중국	원자력발전 확대, 현재 48기 운전, 12기 건설 중
일본	중단된 원전 중 9기 가동, 차세대 소형 모듈 원자로, 고온가스로, 핵융합 방식 차세대 원전 추진
러시아	2030년까지 고속중성자원자로 상용화 계획
프랑스	원자력 비중을 75%에서 50%로 축소 목표를 2025년에서 2035년으로 연장
체코	2040년 원자력발전 비중을 46~58%까지 증가 계획

[출처: 한국원자력연구원]

⑥ 수열 에너지

물의 낙차를 이용한 수력 에너지와 물의 열을 이용하는 수열 에너지는 친환경 에너지로 각광을 받고 있다. 특히 수열 에너지는 물의 온도와 대기의 온도 차를 이용해 전력을 만들어내는 친환경 에너지다. 통상 물은 여름에는 기온보다 5℃ 정도 낮고 겨울에는 10℃ 정도 따뜻하다.

열을 회수하는 히트 펌프를 통해 여름에는 건물의 열을 관로를 통해 외부로 내보내고 겨울에는 따뜻한 열을 건물 안으로 들여보내

실내 온도를 조절한다. 이렇게 냉난방 비용을 20~50%를 절약할 수 있다. 수열은 연료를 사용하지 않아 온실가스 배출도 적다. 실외기를 사용하지 않아도 돼 도심의 열섬 방지에도 도움이 된다. 장점이 많은 에너지이지만 2019년이 되어서야 신재생 에너지로 인정받았다. 국내에서는 서울 송파구 롯데월드타워에서 처음으로 건물 전체 냉난방의 10%를 수열로 대체했다. 기존 시스템에 비해 에너지 사용량을 35% 줄이고 건물 외부 냉각탑도 절반으로 줄였다.

⑦ 수력 에너지

인류의 역사상 가장 오랫동안 사용해온 에너지가 바로 수력 에너지다. 수력발전은 무한한 에너지원이기도 하지만 홍수 조절, 용수 공급, 전기 공급 등 다양한 기능을 가진 국가의 주력 에너지원이다. 수력 에너지는 물의 낙하 또는 압력에 의해 생기는 힘을 이용해 전기를 생산하는데, 물의 낙차를 이용하는 발전 방식은 두 가지가 있다. 떨어지는 물의 힘을 이용해 터빈을 돌려 발전기를 구동하는 방식과 물에 대전된 전하를 특정 방향으로 집진해 전기를 생산하는 방식이다.

우리나라는 2020년 연평균 강수량이 1,591mm이고 전 국토의 70% 가량이 산악 지대라 수력발전에 좋은 조건을 갖추고 있다. 에너지 안보 측면에서도 유리하고, 발전 과정에서 폐기물 발생이 없고, 이산화탄소 배출도 극히 적다. 또한 생산원가가 싸고 에너지 공급도 안정적이다. 다만, 댐 건설에 비용이 많이 들고 수몰 지역이 발생할 수 있으며 생태계를 파괴한다는 단점이 있다.

　현재 우리나라에서 운영 중인 일반 수력발전소는 총 16개소로 한국수자원공사가 9개소, 한국전력공사 계열사인 한국수력원자력에서 7개소를 운영 중이다. 소(小)수력발전소는 한국수자원공사 42개소, 한국전력 및 발전 자회사 17개소, 한국농어촌공사 13개소, 지자체와 민간 발전사 등 108개소를 운영되고 있다. 소(小)수력발전은 일반적으로 1만kW 미만의 소규모 수력발전을 말한다. 그러나 국내에서는 시설 용량이 3,000kW 이하를 수력발전으로 정의하고 있다. 설비용량, 낙차 및 발전 방식에 따라 분류하기도 한다.

　소수력발전은 전력 생산 외에 농업용 저수지, 농업용 보, 하수처리장, 정수장, 다목적댐의 용수로 등에도 적용할 수 있다는 점에서 활용 가치가 높다. 스페인은 수력발전소를 디지털로 업그레이드해 국가 전체 전력의 13%를 수력발전으로 생산한다. 스페인은 발전소 운영을 EGP(에넬그린파워)에 위탁했다. 여러 수력발전소의 센서로부터 데이터를 모아 중앙 데이터 은행에서 수집·분석해 운영을 최적화하고 문제를 사전에 예방하고 있다. 이 회사는 GE의 S/W를 사용하면서 가동 중단률을 최대 50%까지 줄이고 A/S 비용도 10% 이상 절감하고 있다.

재생에너지 발전 비중 1위 국가인 노르웨이는 전기 발전의 96%를 수력발전소에서 생산한다. 산이 높고 수량이 풍부한 조건을 백분 활용해 2030년 탄소 중립을 목표로 하고 있다. 2위 브라질도 수력발전이 66.6%, 바이오매스 8.5%, 풍력 7.6%, 태양광 0.5%로 수력발전이 주도하고 있다. 3위 뉴질랜드도 수력발전이 60%로 신재생 에너지 상위 국가들은 대부분 수력 에너지 중심이다. 수력을 제외한 재생에너지 1위 국가는 독일이며 풍력 29%, 태양광 11% 등 40%를 상회하고 있다.

재생에너지 발전 비중 순위(2019년 기준)

순위	국가	재생에너지 발전 비중
1	노르웨이	97.6
2	브라질	82.3
3	뉴질랜드	81.9
4	베네수엘라	73.7
5	콜롬비아	72.6
6	캐나다	64.9
7	스웨덴	58.7
8	포르투갈	55
11	독일	41.2
15	영국	37.5
17	중국	27
24	일본	18
26	미국	17.9
40	한국	4.8

[출처: Enerdata]

⑧ 해양 에너지

　해양 에너지는 바다에서 발생하는 파력, 온도차, 조력, 조류를 변화해 얻는 에너지를 말한다. 파력 에너지는 파도가 칠 때 생기는 파랑 에너지로 터빈 등의 원동기를 돌려 그 구동력으로 발전하는 것이다. 온도차발전은 해양 표면층 온도(약 25~30℃)와 심해층 온도(약 5~7℃)의 온도차를 이용해 열에너지를 기계 에너지로 변환시켜 발전한다. 조력발전은 밀물과 썰물 때의 물의 깊이가 달라지는 힘을 이용해 전기를 생산한다. 조력발전은 해수의 유동에 의한 운동에너지를 이용해 전기를 만든다.

　2009년 전남 진도 울돌목에 세계 최초로 조력발전소가 설치되어 실증에는 성공했지만 발전량이 목표에 미달했다. 게다가 2018년에 준설 공사를 위해 항해하던 선박과 충돌 사고가 일어난 뒤 복구가 지연되어 가동에 어려움을 겪고 있다. 시흥시와 화성시를 연결하는 인공 호수인 시화호에도 2011년 조력발전소를 설치했다. 하루 두 차례 밀물과 썰물이 오고 가는 힘을 이용해 조력발전을 하고 있다. 투자비가 약 3,600억 원으로 시설 용량은 254MW로 세계 최대 조력발전소다.

　해양 에너지는 조력발전 말고는 아직 상용화가 미흡하고 미국과 유럽연합을 중심으로 기술 개발과 실증 시험이 진행되고 있는 중이다. 특히 해양 발전은 초기 투자비가 워낙 크고 발전소 주변 해양 환경의 변화, 갯벌 훼손, 어류 포획량 감소, 환경 파괴, 민원 등 여러 가지 변수가 많다.

⑨ 폐기물 에너지

폐기물 에너지는 폐기물을 변환시켜 연료 및 에너지를 만드는 것이다. 건설 폐기물, 제조 공장 등의 산업 폐기물, 가정에서 발생되는 생활 폐기물 중에서 가연성이 높고 에너지 함량이 높은 폐기물을 열분해를 통한 오일화, 성형 고체 연료의 제조, 가스화에 의한 가연성 가스 제조, 소각에 의한 열 회수 등으로 가공·처리해 고체·액체연료, 가스연료, 폐열 등으로 생산하고 이를 다시 산업 생산 활동에 필요한 에너지로 이용한다.

하지만 폐기물 중에서 물리적으로 분해되지 않는 비재생 폐기물은 재생에너지에서 제외된다. 비닐, 플라스틱, 타이어 고무, 아스팔트 등은 국제에너지기구가 재생에너지 범주에서 비재생 폐기물을 제외함에 따라 국내에서도 2019년 개정된 「신에너지 및 재생에너지 개발·이용·보급 촉진법」에서도 제외됐다. 문제는 비재생 폐기물이 국내 신재생 에너지 발전량에서 가장 큰 부분을 차지하고 있어 비재생 폐기물의 활용에 대안이 필요한 상황이다. 국내의 신재생 에너지 발전량 비중은 2019년 13% 정도지만, 비재생 폐기물을 제외하면 3.5%로 떨어진다. 폐기물의 재활용의 대표적인 사례는 발전과 소각이다.

⑩ 지열 에너지

지열 에너지는 물, 지하수 및 지하의 열 등의 온도차를 냉난방에

활용하는 기술이다. 태양열의 약 47%는 지표면을 통해 지하에 저장된다. 태양열을 흡수한 땅속의 온도는 지형에 따라 다르지만 지표면에서 가까운 쪽 온도는 10~20℃ 정도, 심부(지중 1~2km)는 약 80℃를 유지한다.

지열발전은 수킬로미터 지하에 물을 넣고 지열로 데운 다음, 이때 발생한 증기로 터빈을 돌리는 것이다. 4~5km 정도로 땅을 파고 지하에 고압으로 물을 주입하고 빼내는 과정에서 지반이 약한 활성 단층이 있으면 지진 발생 가능성이 있다. 따라서 지열발전은 적합한 위치를 찾는 것이 매우 중요하다. 지열발전은 미국이 가장 활성화되어 있다. 필리핀도 국가 전체 발전량의 19%를 차지할 정도로 적극적으로 추진하고 있다.

새로운 일자리와 미래 시나리오

기후 산업과 새로운 일자리

---

① 새로운 산업

그린 뉴딜 시대가 다가오면서 새로운 녹색 산업을 중심으로 일자리도 바뀌고 있다. 「유엔 미래 보고서 2025」에서 추천한 미래 유망 일자리와 한국고용정보원에서 선정한 일자리 가운데 녹색 산업의 부상과 더불어 녹색 일자리가 미래 직업으로 분류되고 있다.

국제재생에너지기구(IRENA)가 2018년에 발표한 「글로벌 재생에너지 및 일자리 연례 보고서」에 따르면, 태양광 등 재생에너지 분야의 일자리가 5년 사이에 약 110만 개가 늘어 880만 개로 집계되었다. 또한 재생에너지 부문에서 2050년까지 2,800만 개의 새로운 일자리를 만들어낼 수 있다고 전망한다. 우리 정부도 에너지 부문에서 6대 신산업을 발굴해 육성한다는 계획을 발표했다. 6대 신산업은 전력 수요 관리, 에너지 관리 통합, 전기차 서비스 및 유료 충전, 태양광 렌털, 독립 마이크로그리드, 온배수열 활용이다.

그린 뉴딜 정책의 시행에 따라 가장 혜택을 받는 산업은 태양광 산업과 풍력 산업이다. 농축산 어민의 태양광 지원, 산업 단지 유휴 부지 태양광 지원 등과 세계 5대 해상 풍력 강국으로 도약하기 위한 해상 풍력 전문 인력, 실증 지원을 위한 지원 센터 등에 대한 예산도 이미 반영되었다. 미래 먹거리인 수소 산업의 발전을 위한 투자 비용도 2021년에 2,450억 원으로 대폭 확대했다. 스마트 산업 단지 등 저탄소를 위한 투자도 늘리고 있다. 이렇듯 새로운 산업의 확대에 따라 새로운 일자리도 증가하게 된다.

② 기후 관련 일자리

2020년 국제재생에너지기구에서 발표한 '세계 재생에너지 기술별 고용 현황'에 따르면, 재생에너지 분야의 2019년 고용은 1,146만 명으로 전년 대비 48만 명이 증가했고, 바이오 분야에서 40만 명이 늘어나 증가율이 12.5%를 나타냈다. 고용 인력 면에서는 태양광에서 375만 명으로 전체 인력 중 33%를 차지하고 있다.

한국의 경우 2018년 기준 신재생 에너지 전체 일자리 수는 2만 5,730명으로 태양광 제조·건설·설치 부문에서 1만 3,800명으로 절반 이상을 차지하고 있다. 재생에너지 고용 창출 효과가 화석연료 대비 3배 높게 평가되고 있다. 여성 고용 비율도 화석연료의 22%보다도 재생에너지가 32%로 10% 높게 나왔다. 국제재생에너지기구 아민 사무총장은 2050년까지 재생에너지 부문에서 2,800만 개의 일자리를 만들어낼 수 있다고 전망했다. 기후 관련 대표적인 일자리는 다음과 같다.

- 태양광, 태양열, 지열, 수력, 풍력발전 관련 연구원 및 기술자
- 해양, 바이오, 폐기물 에너지 관련 연구원 및 기술자
- 연료전지, 화석연료 청정화, 신재생 에너지 사업화 관련 전문가
- 온실가스 감축 전문가, 탄소 포집 저장 기술 전문가, 온실가스 관리 컨설턴트, 배출권 거래 전문가, 그린 컨설턴트

세계 재생에너지 기술별 고용 현황

(단위: 백만 개)

구 분	2017년	2018년	2019년	전년 대비 2019년 증감률
재생에너지	10.53	10.98	11.46	4%
태양광	3.37	3.68	3.75	4%
풍력	1.15	1.16	1.17	0.8%
수력	1.99	2.05	1.96	-6%
바이오	3.05	3.18	3.58	12.5%
기타 (태양열 등)	0.97	0.91	1.0	10%

[출처: 국제재생에너지기구]

기상 관련 산업은 위성, 바다, 항공, 지상 관측부터 대기, 물리, 화학과 기후와 관련된 모든 산업이 해당된다. 기상/재해 예측, 온실가스 배출 저감, 재생에너지 등 기상과 직접 연관된 산업만 소개하자면, 기상 관련 산업의 가장 큰 분야는 기상 장비업이고 그 외 컨설팅과 예보 관련 산업이 일부를 차지한다. 2019년 기상 산업 사업체 수는 702개, 종사자 수는 2,822명, 기상 산업 매출액은 5,022억 원으로 발표되었다. 기상 관련 산업은 다음과 같다.

- 기상 장비: 기상 관측 장비 제작·수입·설치 및 운영 관리, 기상재해 예방 및 복구 산업
- 기상 예보 및 컨설팅: 기후변화 예보 및 감시, 실시간 기상 정보 제공 및 모니터링, 기상·기후 빅데이터 사업, 기상 영향 평가, 기후변화 대응 사업, 기상 분야 국제 표준(ISO/TC 146/SC5), 태양에너지 분야 국제 표준(ISO/TC180/SCO1), 날씨 경영 컨설팅 및 교육
- 기상 감정업: 특정 수요자를 대상으로 기상 감정을 제공하는 사업, 기상 현상의 과학적 검증과 복원, 기상 감정사, 기상 감정 기사 업무, 기후/기상재해 분석
- 기타 관련 산업: 농업, 교통, 에너지, 건강, 항공, 법률, 수자원 관리, 통신, 미디어, 대기 질, 어업, 산림 등
- 기상 관련 자격증: 기상예보사, 기상감정사, 기상기사, 기상감정기사

④ 환경 관련 일자리

- 2018년 기준 환경 산업의 고용 규모는 약 261만 명으로 2000년 대비 약 1.45배 증가했다. 환경 산업의 부가가치는 약 500조 원으로 2000년까지는 폐기물 처리나 자원 이용 부문에서 부가가치를 많이 만들었다면 2000년 이후에는 '지구온난화 대책' 부문에서 부가가치를 더 많이 만들었다.

- 환경 산업은 자원 순환 관리, 물 관리, 환경 복원 및 복구, 기후 대응, 대기 관리, 환경 안전·보건, 지속 가능 환경 자원, 환경 지식·정보·감시, 하수처리 등으로 분류한다.

- 유엔의 환경 활동에 따른 환경보호 관련 업종은 대기 및 기후 보호, 하·폐수 관리, 폐기물 관리, 토양·지하수·지표수의 보호 및 복원, 소음 진동 저감, 생물 다양성 및 경관 보호, 방사선 보호, 환경보호 연구 개발, 기타 환경보호 활동으로 분류하며 자원 관리 분야는 광물 에너지 자원 관리, 목재 자원 관리, 수산자원 관리, 기타 생물자원 관리, 수자원 관리, 자원 관리 연구 개발, 기타 자원 관리 활동으로 구분한다.

- 환경 관련 대표적인 자격증은 대기환경기사, 소음진동기사, 수질환경기사, 온실가스관리기사, 자연생태복원기사, 토양환경기사, 폐기물처리기사 등이 있다.

⑤ 산림 관련 일자리

산림은 국토의 대부분을 차지하는 거대한 자원이며, 휴식과 힐링의 공간이자 지구의 허파 역할을 하는 중요한 공간이기도 하다. 또한 산림 보호와 관리 및 활용을 위한 다양한 일자리가 있다.

우선, 산림 관련 기관으로 산림청, 산림교육원, 산림항공본부, 국립산림품종관리센터, 지방산림청, 국립산림과학원, 국립수목원, 국립자연휴양림관리소, 지방자치단체 산림과, 지방자치단체 산림환경연구소, 한국임업진흥원, 한국산림복지진흥원, 한국수목원관리원, 아시아산림협력기구 외 특수법인으로 SJ산림조합중앙회 및 전국 142개 회원조합, 사방협회, 목재문화진흥회, 한국산지보전협회, 한국산불방지기술협회, 한국등산·트레킹지원센터, 한국산림토석협회가 있다.

산림 관련 대표적인 공인 자격증으로는 산림기사, 산림산업기사, 임업종묘기사, 식물보호(산업)기사, 임산가공(산업)기사, 조경(산업)기사, 산림기술사, 산림경영기술사, 산림공학기술사, 목구조시공기술사, 목구조관리기술사, 목재등급평가사, 산림복지전문가, 산림교육전문가, 숲해설가, 유아숲지도사, 숲길등산지도사, 산림치유지도사, 나무의사, 수목치료기술사, 수목원전문가, 정원전문가, 분재관리사, 조경수조성관리사 등이 있다.

⑥ 기타 일자리

- 건축 관련 일자리: 그린 빌딩, 건축물 안전 진단, 기후변화 적응형 건축 설계, 기후변화 적응형 건축 자재 및 조경 산업, 기후변화 적응형 건물 컨설팅 및 리모델링, 우수 재활용 관련 시스템 및 설비 산업, 친환경

빌딩 디자인 및 설계, 에너지 저감형 건축 기술 및 디자인

- 식품 안전 관련 일자리: 식품 안전 및 위생, 유통 시스템 및 설비, 안전한 포장 및 용기 산업, 방재 산업, 식품과 IT를 융합한 신산업, 식품 저장, 식품 가공 및 유통, HACCP 인증 컨설팅업, 음식물 쓰레기 및 생활 폐기물 처리업

- 보험 및 금융 관련 일자리: 기후변화 적응 상품 개발, 풍수해 보험, 농작물 보험, 기업 휴지 보험, 지수형 보험, 날씨 파생 상품

최악의 미래와 최고의 미래

① 2030년 대한민국 최악의 시나리오 '삶은 개구리 증후군'

2030년 7월 14일 일요일 새벽, 인천공항공사 사장의 휴대폰에서 벨소리가 계속 울렸다. 선잠을 깨운 폰 너머의 다급한 목소리는 시설본부장의 목소리였다. 50일째 계속 쏟아진 폭우로 결국 공항이 잠기고 계류 중인 비행기를 비롯한 시설물도 대부분 물에 잠겼다. 정전 사태까지 벌어지면서 공항은 마비되고 대혼란이 시작된 것이다. 10년 전 그린피스에서 한반도 대홍수로 공항이 물에 잠길 수 있다는 시나리오를 제시했지만 이렇게 현실이 될 줄은 꿈에도 몰랐다.

지난 2011년 대홍수로 태국 전 국토의 80%가 물에 잠기면서 돈므앙국제공항이 일주일간 마비된 적은 있었다. 하지만 동북아 허브 공

항으로 세계 최고를 자랑하던 인천국제공항이 마비된 것은 이번이 처음이다. 하루에 880㎜가 넘는 폭우가 열흘째 폭탄처럼 쏟아지면서 우려는 했지만, 실제로 공항이 마비되면서 출국을 대기하던 인파로 공항은 아수라장이 되고 말았다.

이미 한국은 유엔기후변화협약의 목표를 달성하지 못해 2026년부터 유럽연합으로부터 탄소국경세가 부과되고, 2028년에도 미국과 중국으로부터 탄소세 대상국이 되어 수출업체들은 큰 피해를 입고 있었다. 2020년에 발생한 코로나19 팬데믹으로 어려움을 겪던 기업들이 경영난을 핑계로 온실가스 감축을 미루다가 결국 탄소세 부과로 약 2조원의 추가 비용이 발생해 수출은 반토막 난 상태였다.

한국에 본부를 두었던 유일한 기후 관련 국제기구인 국제기후기금(GCF)은 한국의 기후 악당국 오명과 극심한 재해 재난으로 5년 전 한국을 떠났다. 기후변화협약 실천 미흡으로 수출 기업은 파산하거나 생산을 축소하면서 실업자가 증가해 시위가 끊이지 않았다. 정부도 뒤늦게 온실가스 감축에 대한 강력한 재제를 펼치지만 이미 '국제 왕따'가 되어 해외 투자자들이 줄줄이 떠나면서 최악의 경제난을 겪었다.

전문가들은 '삶은 개구리 증후군'에서 깨어나지 않으면 엄청난 재앙이 닥친다고 경고했었다. 이를 무시한 결과 한번 무너진 나라는 다시 일어나는 데 엄청난 시간과 고통이 따른다는 것을 다시 한번 절감했다. 공항공사 사장은 한숨을 내쉬며 공항으로 차를 몰았다. 라

디오에서는 한강 수위가 위험한 상태여서 통행을 차단했다는 뉴스가 들렸다. 김해공항마저 항공기 이착륙이 불가하다는 소식도 나오고 있었다. 더 큰 문제는 농작물 대부분이 장기간 물에 잠겨 올해 대흉년이 예상되었다. '기후 재앙'을 피부로 느끼며 정부를 원망했지만 이미 때는 늦었다.

② 2030년 대한민국 최고의 시나리오 '아시아의 호랑이'

세계의 중심이 아시아 지역으로 옮겨 오면서 대한민국이 일본을 제치고 중국, 인도와 더불어 당당히 3강의 자리를 차지했다. 완전한 통일은 아니지만 2025년 남북 간 경제·스포츠·문화 교류가 활성화되면서 정치적 통합 외에는 인적·경제적 교류가 확대되어 북한 관광이 일상화되고 지구촌 마지막 분단국이라는 오명도 벗어나게 되었다. 특히 10년 전 코로나 팬데믹으로 홍역을 치르던 한국이 유엔기후변화협약을 착실히 실천해 세계에서 주목받는 국가로 등극했다.

2022년 기후위기대응법과 그린뉴딜기본법이 제정되어 탄소 중립 목표 달성의 근간을 만들었다. 기상청은 기상부로 승격되고 기후환경 부총리까지 신설되어 기후변화와 인공지능을 접목한 기후 예측 시스템 등의 투자도 탄력을 받았다. 특히 국민들의 동참이 가장 큰 역할을 했다. 가정마다 태양광, 풍력 발전 장치 등을 설치해 에너지 자립 마을이 70% 이상 생겼고, 스마트그리드까지 접목해 에너지의 생산과 소비를 효율적으로 운영했다.

채식 위주의 식단과 분리배출의 생활화, 재활용(Recycling)과 새활용(Upcycling)의 실천이 효력을 발휘했다. 또한 ICT와 융합한 다양한 기술이 등장해 기후와 환경 부문에서 새로운 산업이 부상하고 일자리도 창출되었다. 이미 초·중·고교에서는 기후 환경 교육이 의무화되었다. 일부 원전은 재가동하고 석탄 화력발전소는 점진적으로 폐쇄하면서 재생에너지 비율도 50%를 넘어섰다.

글로벌 모범 국가가 된 한국은 투자자에게 가장 매력적인 국가가 되었다. 세계기상기구도 한국에 본부를 옮겨 와 세계기후기금과 양대 산맥을 이루었고, 기후변화협약 당사국 총회도 금년 5월 국제 도시 인천에서 개최하기로 했다. 극심한 기상이변으로 홍역을 치르던 2022년 이후에 국가 차원에서 적응과 완화 시스템을 꾸준히 준비해 기상이변 대응 준비는 거의 완성했고, 세계경제 5위 국가로 선진국 반열에 우뚝 서게 되었다.

③ 지금이 마지막 기회다!

기후 위기 문제는 구호를 외칠 시기가 지났다. 이제 실천만 남았다. 지구를 구하고 인류를 살리는 마지막 세대는 지금의 인류다. 시간이 없다. 더 이상 머뭇거리면 막차를 놓친 격이 되고 현세대는 물론 미래 세대까지 절벽으로 내몰리게 된다. 지구는 다섯 번의 대멸종을 겪으면서도 운 좋게 생물이 생존하는 위성으로 존재해왔지만 지난 50년간 야생동물 58%가 감소하고 포유류의 26%가 멸종 위기에 처하게 되었다. 『대멸종 연대기』(흐름출판, 2019)의 저자 피터 브래넌은 "인류의 파괴적 행동으로 100년 안에 여섯 번째 대멸종이 올 수도 있다. 이때 생물 종의 70%가 멸종할 것으로 예상된다"고 경고했다. 전문가들은 앞으로 10년이 마지막 기회라고 말한다. 기회를 놓치지 않으려면 2030년까지 탄소 배출량을 절반으로 줄이고 2050년에는 탄소 배출을 제로로 만들어야 한다. 그러나 탄소 배출을 제로로 만든다고 모든 것이 해결되는 건 아니다. 이미 배출된 탄소를 포집하는 방법도 찾아야 한다.

또한 기후 위기는 선진국도 피해를 입지만 후진국의 피해는 더 치명적이다. 빈부격차도 더욱 벌여놓을 것이다. 부자들은 좀 더 안전한 환경에서 기후변화의 피해를 최소화하고 보험을 통해 보상도 받지만, 가난한 사람들은 기후변화에 그대로 노출되어 피해가 심각하고 보험 가입이 어려워 보상도 받기 힘들다. 그럼에도 전 세계 1%의 부유층이 내뿜는 이산화탄소의 양이 가난한 인구 50%가 배출하는 양의 2배에 이른다. 따라서 기후변화 문제는 계층의 불평등 문제로까지 이어진다.

2021년 5월 30일 한국에서 온라인으로 개최된 P4G(기후변화 대응과 지속 가능 발전을 위한 국제 다자간 회의)에서 각국 정상들은 기후변화 대응을 위한 국제사회의 협력과 선진국의 책임과 개발도상국 지원을 강조했다. 2019년 기준으로 7월 29일은 지구가 생태 자원을 모두 소비한 날이다. 7월 30일부터는 미래 세대의 생태 자원을 미리 당겨서 사

용한다. 한국이 생태 자원을 모두 소비한 날, 즉 '지구 생태 용량 초
과의 날(Earth Overshoot Day)'[10]은 4월 5일이다. 지금의 한국인처럼 자원
을 소비하면 지구 3.5개가 더 필요하다. 지구 평균기온이 1850년 기
준으로 이미 1.1℃ 상승했다. 세계 최대 이산화탄소 배출 도시는 바
로 서울이다. 서울보다 인구가 2배나 많은 광저우보다 배출량이 많
다. 이제 우리의 사고방식과 생활 습관부터 바꿔야 한다. 모두가 함
께 실천하면 해결이 가능하다. 미래 세대에게 기후 재앙을 물려주지
않는 것이 우리 모두의 책임이자 의무다.

제4차 산업혁명이 진행되고 있다. 산업통상부는 산업혁명을 "인
공지능 기술을 중심으로 하는 파괴적 기술들의 등장으로 상품이
나 서비스의 생산·유통·소비 전 과정이 서로 연결되고 지능화되면
서 업무의 생산성이 비약적으로 향상되고 삶의 편리성이 극대화되
는 사회경제적 현상"이라고 정의했다. 주요 기술은 인공지능, 빅데
이터, 사물인터넷, 클라우드 등으로 소프트웨어 중심의 서비스가 핵
심이다. 이제 이런 기술이 기후 산업과 융합되어 새로운 부가가치를
창출하는 비즈니스 모델이 필요하다. 또한 높은 수준의 기술력으로
재해·재난을 예측해 국민의 생명과 재산을 보호해야 한다.

기후 관련 기술은 크게 온실가스 배출을 저감하는 감축 기술과

---

10 지구에서 1년 동안 생물이 필요로 하는 물, 공기, 흙 등 생태 자원을 인간이 모두 소비하는 날이다.
즉, '지구 생태 용량 초과의 날' 이후는 인간이 바다와 숲이 흡수하는 양보다 더 많은 탄소를 배출
하고 자라는 것보다 더 많은 나무를 베는 등 지구가 생산한 양보다 더 많이 먹고 마신다는 뜻이다.
1970년 '지구 생태 용량 초과의 날'이 12월 29일이었는데, 50년 만에 5개월을 앞당겼고 우리나라
는 매년 8개월을 앞당겨 미래 세대의 자원을 빌려 쓰고 있다. 심각하게 고민해야 할 대목이다.

기후변화 적응 기술로 구분한다. 온실가스 감축 기술은 화석연료를 대체하는 신재생 에너지와 에너지 저장 기술, 송배전 및 스마트 그리드 등으로 나눌 수 있다. 기후변화 적응 기술은 관측과 예측, 그리고 영향 평가와 적응으로 구분할 수 있다. 배출된 온실가스를 포집해 저장하고 재활용하는 기술도 중요한 미래 산업이 될 것이다. 미국 전기 자동차 업체 테슬라의 CEO 일론 머스크는 탄소 포집 기술에 총 1억 달러(약 1,120억 원)의 상금을 걸면서 "우리의 목표는 기후변화와 싸우기 위해 효율적인 탄소 포집 기술을 확장함으로써 2050년까지 연간 100억t의 탄소를 감축하는 것"이라고 밝혔다.

미국 제너럴일렉트릭(GE) 회사는 2005년부터 "에코매지네이션(Ecomagination)"을 슬로건으로 내걸었다. 청정에너지, 깨끗한 물, 친환경 기술을 통한 친환경 경영을 시작해 태양에너지, 하이브리드 기차, 연료전지, 저공해 항공 엔진, 고효율 조명, 물 정화 기술, 초경량 신소재 등의 사업을 추진하고 있다. 자가 공장의 물 사용량을 45% 줄이고, 온실가스 배출량을 32% 감축하고, 에너지 투입도 31% 감소시키면서 매년 수천억 원의 비용을 절감하고 있다.

농업도 기후변화로 가장 많은 피해를 보는 분야이므로 적응 대책이 시급하다. 이상 기온에 따른 수확량 감소에 대한 대책과 IT 기술을 도입한 스마트 농업을 추진해 피해를 최소화해야 한다. 또한 새로운 대체 작물 재배의 기회를 늘려 지속 가능한 농업 경영을 준비해야 한다. 특히 4차 산업혁명의 핵심 기술인 ICT 기술을 융합한 빅

데이터 산업, 사물인터넷을 통한 재해 예측 및 분석, 3차원 GIS(Geographic Information System) 기술을 통한 산사태 예방 등 해양, 산림, 교통, 건축 등 다방면에서 기술을 융합한 모델을 개발해 기후변화에 적응해야 한다.

국가나 기업뿐 아니라 가정에서도 온실가스 감축과 에너지 절감 노력이 중요하다. 1861년 사람의 평균 체온은 37℃였다. 정상 체온이 200여 년 동안 0.6℃가 내려갔다. 체온이 떨어지면 신체 기능이 정상적으로 작동하지 않아 각종 질병에 걸릴 위험이 높고 2℃ 이상 낮아지면 생명이 위험해질 수 있다. 지구도 마찬가지다. 정상 기온에서는 순환활동이 원활하게 이루어지지만 2℃ 이상 올라가면 자정 능력을 상실한다. 따라서 지구온난화를 막고 생태계를 유지해야 하는 것이다. 대기와 바다가 오염되고 정상 기온에서 벗어나면서 대형 사고들이 잇따라 발생하고 인류의 삶이 위협받고 있다. 우리는 아름다운 지구에서 행복하게 살 권리가 있다. 이는 우리 인간이 어떻게 하느냐에 달려 있다. 우리 자신과 후손을 위해 지금이라도 당장 환경 운동을 실천하지 않으면 안 된다. 지금이 마지막 기회다!

[더 알아보기] 환경 운동 실천 사례

· 지구를 위해 달리는 플로깅
조깅을 하며 쓰레기를 줍는 운동인 '플로깅(Plocka Upp[Pick Up] + Jogging = Plogging)'은 스웨덴에서 처음 시작되었다. 추운 날씨에도 운동으로 건강을 다지며 환경 정화도 한다. 아이슬란드에서는 현직 대통령 요하네손이 플로깅에 동참해 더 큰 인기를 얻기도 했다. 운동에 동참하는 플로거들은 인증샷을 SNS에 올리며 동참을 유도한다. 국내에서도 '광주 플로깅 동호회'와 '울산 플로깅 운동 연합 공동체' 회원들이 활동하고 있지만 아직 널리 확산되지는 못했다. 지구도 살리고 건강도 좋아지는 '플로깅'에 도전해보는 건 어떨까?

· 서울 잠실 한강공원 내 RM 숲

세계적인 아이돌 그룹 BTS 리더 RM(김남준)의 생일을 기념해 2019년 8월 잠실 한강 공원 시계탑 부근에 조팝나무 1,250그루를 심어 'RM 숲' 1호를 만들었다. 평소 미세 먼지 등 환경에 관심이 많은 RM을 위해 국내외 팬클럽 '아미'가 1,100여 만 원의 기금을 모아 조팝나무를 직접 심는 봉사활동까지 하면서 숲을 조성했다. 나무를 돌보는 일도 아미들이 꾸준히 실천하고 있다. 2020년 9월 'RM 숲' 2호인 남천나무 숲 조성도 완료했다.

· 용기내 챌린지

배우이자 환경 운동가인 류준열과 그린피스 서울 사무소에서 시작한 캠페인으로 '용기(勇氣)를 내서 용기(容器)에 음식 등을 포장해 오자'는 운동이다. 식료품과 생필품 및 배달 음식 등에서 포장 쓰레기를 줄이는 것이 목표다. 가게를 직접 방문해 다회용기인 냄비에 떡볶이를 담거나 텀블러에 핫도그를 넣는 등 용기를 내서 실천하고 이를 사진이나 영상으로 SNS에 올리는 것이 게유행처럼 번지고 있다. 식당 외 대형마트를 이용할 때도 용기를 활용해 불필요한 플라스틱 용기를 줄이는 캠페인에 동참하는 '용기 있는' 사람들이 많다.

· 고고 챌린지

2021년 1월 환경부에서 시작한 운동이다. 탈(脫) 플라스틱을 위해 다회용기 사용을 약속하자는 것으로 '일회용품을 거절하고(Go)! 텀블러를 사용하고(Go)!'라는 캠페인이다. 플라스틱 사용을 줄이기 위해 하지 말아야 할 한 가지와 실천해야 하는 한 가지를 약속한다. 이 캠페인의 특징은 본인의 실천 약속을 SNS에서 사진이나 영상으로 알리고 다음 도전자를 지명하는 릴레이 캠페인이다. 시장, 구청장, 기업 대표 등 유명인들이 동참하면서 열기가 점점 달아

오르고 있다. '비닐 포장은 줄이고! 지구 건강은 지키고!' 등의 구호를 외치며 캠페인에 동참하면서 기부와 나눔을 실천하는 기업도 있다.

기후 관련 기관 및 단체

① 국제기구

국제기구 세계녹색기후기구(IO-WGCA)

공공의 이익을 위해 전 세계 360개국을 대신해 녹색 기술 상품 실천 책무를 이행하는 국제기구다. 세계녹색기후기구는 녹색 기술 상품 실천을 통해 세계 녹색 경제와 기후 환경을 조화롭게 발전시킬 국제 공무 수행 자격을 갖춘 인재를 양성하고 있다. 이를 위해 세계지원대학교(World Support University)를 설립해 '글로벌 리더십 양성 교육'을 실시한다.

국제재생에너지기구(IRENA)

재생에너지의 개발 및 보급 확대를 위한 국제 협력 강화를 목적으로 149개국이 참여해 2009년에 설립한 국제기구다. 본부는 아랍에미리트 아부다비에 위치한다. 우리나라는 창립 이사국으로 선출되었다. 매년 아랍에미리트 아부다비에서 개최하는 총회는 세계 최대 규모의 재생에너지 국제 행사로 170여 개국에서 4,000여 명이 참석해 재생에너지 중심의 에너지 전환 정책에 관해 각국의 경험을 공유하고 발전 방안 등을 논의한다.

그린피스(Greenpeace)

그린피스는 1971년 탄생한 독립적인 국제 환경 단체로 지구환경 보호와 평화를 위해 비폭력 직접 행동이라는 평화적 방식으로 캠페인을 진행하는 단체다. 특히 기후변화로 인한 각종 환경문제를 해결하기 위한 실용적이고 달성 가능한 해결책을 찾는다. 바다와 숲 등 모든 환경에서 야생동물을 보호하고 재생에너지가 미래를 위한 에너지임을 널리 홍보한다. 지속 가능한 농업을 지지하며 유해 독성 물질로부터 자유롭고 건강한 미래를 꿈꾼다.

기후프로젝트(The Climate Project)

전 미국 부통령이자 노벨평화상 수상자인 앨 고어가 2006년 설립한 비정부기구다. 산업화로 인한 지구환경 위기의 심각성을 널리 알리고 더불어 사는 지구촌을 건설하기 위한 세계적 시민 실천 운동을 전개한다. 전 세계 154개국에 지부를 두고 있다.

세계자연기금(WWF, World Wide Fund for Nature)

스위스에 본부를 둔 세계 최대 규모의 국제 환경 단체로 전 세계 100여 개국에 약 500만 명 이상의 회원들이 글로벌 네트워크를 통해 활동하고 있다. 멸종위기종 보호를 목적으로 1961년 설립된 기구다. 최근 해양 보존과 기후, 에너지 이슈에 집중한 프로그램을 운영하고 있다. 한국에는 2014년 공식적으로 WWF Korea를 설립했다.

엠네스티 인터내셔널(AMNESTY International)

인권을 침해받는 사람들의 편에 서서 정의를 요구하고자 행동하고 연구하는 것을 목적으로 하는 국제 비정부기구다. 1961년 창립해 영국 런던에 본부를 두고 있고 정부 지원금 없이 세상의 부당함에 맞서는 세계 최대 인권 단체다. 기후변화를 세대 간, 인종 및 계급 간, 성별 간, 지역 간 차별과 불평등을 강화시키는 역사상 가장 큰 인권의 위기로 인식한다. 기후변화에 대한 논의를 방해하는 정부나 기업에 압력을 주고 기후변화가 미치는 영향으로부터 사람을 지키는 활동을 전개하고 있다.

APEC기후센터(APCC, APEC Climate Center)

지구온난화로 인한 이상기후 재해 경감에 공동 대처하기 위한 국가 간 협력의 필요에 따라 21개 APEC 회원국의 합의로 설립되었다. 2005년 제1차 APEC 고위 관리 회의에서 설립을 인준 받아 제13

차 APEC 정상 회의(부산) 기간 중 APEC기후센터를 개소했다. 주요 기능은 기후 예측 정보의 부가가치 창출을 위한 혁신적인 기술 개발이며, 우리나라를 포함한 아태 지역 이상기후 감시 및 최적의 기후 예측 정보의 생산과 제공이 목적이다. APEC기후센터는 부산광역시 해운대에 있다.

② 국내 기관 및 단체

기후변화홍보포털(https://www.gihoo.or.kr/portal/kr/change/climateChange.do)

환경부, 한국환경공단이 운영하는 포털이다. 기후 관련 국내외 정책 동향 및 최신 정보를 제공해 국민의 기후변화 인식 변화와 자발적인 온실가스 감축 활동 참여를 유도하기 위한 목적으로 만들었다.

기후정보포털(www.climate.go.kr)

기상청의 공식 홈페이지다. 국내외 기후변화 정보 사이트들에 대한 자료를 토대로 일반인의 기후변화 정보 이해를 돕는다. 관련 기관 기후변화 연구 결과의 활용도를 높이기 위한 인터넷 기반 기후변화 정보 시스템이다. 기후변화협약 대응책 마련에 필요한 통합적 과학 정보를 제공하고 국민들이 기후변화에 대한 정보를 쉽게 이해시키며 국민의 알 권리를 충족시키기 위해 만들어졌다.

국가기후변화적응정보포털(http://kaccc.kei.re.kr)

한국환경정책평가연구원(KEI)의 국가기후변화적응센터가 운영하는 포털이다. 기후변화 적응과 관련된 일반적인 상식부터 전문 정보, 교육, 전문가 네트워크 등의 종합 서비스를 제공하는 플랫폼이다. 기후변화 적응 국내외 협력 및 지식 전파, 적응 정책 개발 및 이행 지원, 적응 사업 발굴 및 지원 서비스, 적응 지식 정보 기반 의사결정 지원 체계 구축 등의 역할을 홍보한다.

기후변화센터(www.climatechangecenter.kr)

2008년 국내 최초로 기후변화 대응 비영리 공익단체로 설립된 재단법인(이사장 유영숙 전 환경부장관)이다. 사회 각계각층의 역량과 지혜를 모아 인류 최대 과제인 기후변화 대응에 앞장서고 있다. 신 기후체제를 대비하기 위한 저탄소 사회 패러다임 확산 전략으로, 오피니언 리더들의 그린 리더십 강화, 저탄소 사회 실현을 위한 정책 제언, 미래 세대의 기후변화 대응 인식 제고, 개발도상국 기후변화 대응 역량 제고 등의 목표를 설정해 비전과 가치를 제시하고 있다.

한국기후변화연구원(www.kric.re.kr)

한국기후변화대응연구센터를 새롭게 개편한 한국기후변화연구원은 체계적인 조사와 연구 활동을 통해 기후변화 중장기 대응 전략을 수립하고 청정에너지 개발과 국제적 기후변화 대응 과제 연구 등을 위해 설립한 기관이다. 온실가스 배출량 산정 및 검증을 비롯해 기후변화에 관한 각종 통계 및 지표 등을 조사하고 분석한다. 또한 기후변화 대응을 위한 중장기 발전 계획의 수립, 정책 대안의 모색 등과 관련한 자체 연구 및 정부 기관, 지방자치단체, 기업체 등으로 부터 위탁 연구 사업 및 탄소 배출권, 청정 개발 체제(CDM) 등 온실 가스 감축과 관련된 사업을 추진하고 있다. 이를 위해 산·학·연과의 네트워크 구축, 공동 연구 사업 및 기후변화 관련 포럼, 학술회의를 통해 국내외 기후변화 문제에 선도적 역할을 수행하고 있다.

한국기후·환경네트워크(www.kcen.kr)

민관 협력을 통해 비산업 부문의 온실가스 감축을 위한 거버넌스 기구다. 공공기관, 기업, 민간단체를 중심으로 전국 245개 지역 네트 워크가 구성되어 있다. 2008년 10월 그린스타트 전국네트워크로 출 발해 2014년 3월 '한국기후·환경네트워크'로 명칭을 변경하고 기후 와 환경을 포괄하는 범국민 실천 운동을 추진한다. 지자체, 공공기 관, 경제계, 언론계, 교육계, 학계, 시민단체 등 다양한 분야의 단체들 과 네트워크를 형성하고 있다.

지속가능발전협의회(www.sdkorea.org)

1992년 유엔환경개발회의(UNCED)에서 채택된 '의제21'은 지속 가능 발전의 실현을 위한 행동 지침이다. '의제21'은 전문(前文)과 39

개의 장으로 구성되어 있으며, 2,500여 개의 권고 내용을 담고 있다. 구체적으로 사회경제 부문, 자원의 보존과 관리 부문, 주요 그룹의 역할 강화 부문, 이행 수단 부문의 내용을 담고 있다. 물, 대기, 토양, 해양, 산림, 생물 종 등 자연 자원의 보전과 관리를 위한 지침뿐만 아니라 빈곤 퇴치, 건강, 인간 정주, 소비 형태의 변화 등 사회경제적 이슈까지 폭넓게 다루고 있다. 구체적인 실현 수단으로 재정 확충, 기술 이전, 과학 발전, 교육 및 홍보 확대, 국제 협력 강화 등에 대한 세부적 지침이 있다. 아울러 추진 과정에서 사회 각계각층의 광범위한 관심과 참여를 보장하기 위한 파트너십과 거버넌스를 강조한다. 우리나라는 1995년부터 시작한 지속 가능 발전(지방 의제21) 추진 기구들이 자발적으로 연대해 2000년 창립했고, 명칭을 '지역명+지속가능발전협의회'로 통일해 한 차원 높은 거버넌스를 실현하고 있다. 우리나라의 「지속가능발전법」에서는 '지속 가능성'이란 현세대의 필요를 충족시키기 위해 미래 세대가 사용할 경제, 사회, 환경의 자원을 낭비하거나 여건을 저하시키지 않고 조화와 균형을 이루는 것이라고 정의하고 있다.

기후 관련 주요 용어

고기후학(paleoclimatology)

지질시대를 포함해 장기간에 걸쳐 나타나는 기후를 연구하는 분야다. 화석, 퇴적물, 빙하, 나이테, 산호 등을 통해 옛 지구의 다양한 환경 및 대기 상황을 추측한다.

고온열분해

소각 처리가 어려운 난용해성 물질이나 소각 시 다량의 대기오염 물질을 방출하는 폐기물을 저산소 상태에서 고온으로 가열해 처리하는 방식을 말한다.

교토 의정서(Kyoto Protocol)

유엔기후변화협약(UNFCCC)에 의거한 교토 의정서는 1997년 일본 교토에서 열린 기후변화협약 제3차 당사국 총회에서 채택되었다. 기후변화협약이 기후변화 방지를 위한 노력 의지를 다졌다면, 교토 의정서는 누가 어떻게 줄이겠다는 문제를 결정한 것이었다. 그러나 미국, 캐나다, 러시아, 뉴질랜드, 심지어 개최국인 일본마저 탈퇴해 의정서가 빛을 잃었고, 2016년 11월 공식 발효된 파리 협정이 교토 의정서를 대체한다.

공동 이행(JI, Joint Implementation)

교토 의정서 제6조에 규정된 제도로, 선진국인 A국이 B국에 투자해 발생된 온실가스 감축분 중 일정 부분을 A국의 배출 저감 실적으로 인정하는 것이다.

공정무역(Fair Trade)

선진국과 개발도상국 사이의 불공정한 무역 때문에 일어나는 개발도상국의 빈곤 문제를 해결하기 위한 세계적인 시민운동이자 사업이다. 공정무역의 목적은 물건을 만드는 데 필요한 비용과 노동에 대한 정당한 대가를 지불하도록 하는 것이다.

과불화탄소(PFCs)

교토 의정서에서 감축 대상으로 규정된 6개의 온실가스(이산화탄소, 메탄, 아산화질소, 수소불화탄소, 과불화탄소, 육불화황) 중 하나다. 탄소와 불소의 화합물로 전자제품, 도금 산업 등에서 세정용으로 사용하고, 우리나라는 반도체 공정에서도 사용한다.

국가기후변화적응대책

저탄소녹색성장기본법 및 동법 시행령에 따라 5년마다 수립되는 법정 국가 적응 대책으로 정부 및 지자체의 세부 시행 계획 수립을 위한 기본 계획이다. 제1차(2011~2015년)에 이어 제2차(2016~2020년)가 종료되었고 제3차(2021~2025년)가 시작되었다. 제3차의 주요 과제는 기후위험 적응력 제고, 기후변화 감시·예측·평가, 적응 주류화 실현이다.

국가온실가스감축목표(NDC, Nationally Determined Contribution)

유엔기후변화협약(UNFCCC) 회원국이 온실가스 배출에 대한 책임과 역량을 고려해 자발적으로 어느 정도 온실가스 배출을 줄일 것인지 유엔기후변화협약에 공식적으로 제출하는 계획서를 말한다.

국가지속가능발전기본계획

18개 정부 부처 합동으로 수립하고 국무회의에서 심의·확정하는 본 계획은 경제·사회·환경 분야 통합 관리 전략 및 실천 계획으로 2006년 제1차 국가지속가능발전전략 및 이행계획(2006~2010년)이 처음으로 수립되었으며, 제2차(2011~2015년)에 이어 제3차(2016~2035년)가 시행 중이다. 제3차 세부 이행 과제는 건강한 국토 환경, 통합된 안심 사회, 포용적 혁신 경제, 글로벌 책임 국가, 지속 가능 발전 이행 기반 강화다.

국제에너지기구(IEA, International Energy Agency)

세계 최고의 에너지 기구로 석유 공급 위기에 대응하고자 각종 에너지 자원 정보를 분석·연구하는 경제협력개발기구 산하 단체다. 2017년 기준 회원국은 28개국이며, 우리나라는 2001년에 가입했다.

그린 마케팅

자연환경과 생태계 보전을 중시하는 시장 접근 전략 마케팅이다. 기존의 상품 판매 전략이 단순한 고객 욕구나 수요 충족에만 초점을 맞춘 것과는 달리 공해 요인을 제거한 상품을 제조 · 판매해야 한다는 소비자 보호 운동과 같이 삶의 질을 높이려는 기업 활동을 지칭한다.

그린 빌딩(녹색 건축)

에너지 절약과 환경보호를 목표로 에너지 부하 저감, 고효율 에너지 설비, 자원 재활용 환경오염 저감 기술 등을 적용한다. 자연 친화적으로 설계·건설하고 유지·관리한 후, 건물의 수명이 끝나 해체될 때까지 환경오염이 최소화되도록 계획된 건축물이다.

그린 워싱(Green Washing)

환경문제에 실질적인 도움이 되지 않지만 기업 활동이 마치 환경보호에 도움이 되는 것처럼 과장하거나 거짓으로 속이는 마케팅 활동을 말한다.

기준배출량(Baseline)

교토 의정서 체제에서 온실가스 감축 사업을 하지 않았을 경우 객관적이고 합리적인 배출량을 가리킨다. 기준배출량은 공동 이행(JI)과 청정개발체제(CDM) 프로젝트 수행 결과 온실가스 감축이 얼마나 이루어졌느냐를 결정하는 기준이 된다.

기후변화

화산 분출, 태양 활동의 변화 등 자연적 원인과 화석연료 과다 사용에 따른 대기 중 이산화탄소 증가와 같은 인위적 원인에 따라 기후가 변하는 현상을 말한다.

기후변화당사국총회(UNFCCC COP)

지구온난화로 인한 장기적 피해를 줄이기 위해 1992년 체결된 유엔기후변화협약(UNFCCC)의 구체적인 이행 방안을 논의하고자 매년 개최하는 당사국 전체 회의다. 1997년 일본 교토에서 교토 의정서가 채택되었으며, 2015년 프랑스 파리에서 파리협정이 채택되면서 신기후 체제가 시작되었다.

기후변화대응지수(CCPI, Climate Change Performance Index)

2005년부터 각국의 기후변화 대응 노력을 평가하는 것으로 독립적인 비정부기구인 Germanwatch, New Climate Institute, CAN(Climate Action Network) 등에 의해 지수를 평가하고 국가별 순위를 발표하고 있다. CCPI 2020 결과에 따르면, 파리협정 이행 능력을 충분히 보여준 국가가 없어 1~3위는 비워두고, 4위는 스웨덴, 5위 덴마크, 6위 모로코가 차지했으며 가장 낮은 순위부터 61위는 미국, 60위 사우디아라비아, 59위 대만, 58위 한국으로 평가받았다.

기후변화 완화

미래의 기후변화 정도를 감소시키는 것이다. 기후변화정부간협
의체는 기후변화 완화를 '온실가스 배출량을 줄이거나 온실가스 흡
수원을 늘림으로써 온실가스 배출을 줄이는 활동'으로 정의했다. 방
법은 신재생 에너지 사용, 에너지 효율 개선, 에너지 절약, 나무 심기,
분리수거와 재활용 등이 있다.

기후변화 적응

기후변화에 맞서 자연적·인위적 시스템 조절을 통해 피해를 완화
시키거나 오히려 유익한 기회로 활용하는 활동을 말한다. 온실가스
감축이 기후변화의 정도를 줄이려는 대응 방식이라면 '적응'은 기
후변화로 인한 위험을 최소화하고 기회를 최대화하는 대응 방식이
다. 예를 들면, 하수도 등 기반 시설 정비, 폭염 시 야외활동 자제, 방
역 활동 등을 들 수 있다.

기후변화정부간협의체(IPCC, Intergovernmental Panel on Climate Change)

기후변화에 관한 전 지구적 위험을 평가하고 국제적 대책을 마련
하기 위해 세계기상기구(WMO)와 유엔환경계획(UNEP)이 공동으로
설립한 유엔 산하 국제 협의체다. 각국의 기상학자, 해양학자, 경제
학자 등 각계 전문가 3,000여 명으로 구성되어 있다. 주된 활동은 정

상회담에서 채택한 안건에 대한 특별 보고서 등을 작성하는 일이다.

기후변화지수

지구온난화 등 기후변화 현상이 나타났을 때 국가별로 받는 영향 정도를 산출한 지수다. 국가별로 지형, 인구, 환경, 기상 등을 고려해 0에서 10까지 점수를 매긴다. 점수가 낮을수록 기후변화에 따른 타격을 많이 받고, 10에 가까울수록 적게 받는 것이다.

녹색 금융

녹색 산업과 녹색 기술 개발을 적극 지원하는 친환경 금융을 말한다. 기업이 자원과 에너지 효율을 높이고 환경을 개선하는 상품 및 서비스를 생산하는 저탄소 녹색 성장을 지원한다. 또한 환경을 파괴하는 기업에 자금이 공급되는 것을 차단하기 위한 심사 및 감시 활동을 포함한다.

대기

지구를 둘러싸고 있는 기체 상태의 외피를 말한다. 건조한 대기는 거의 대부분 질소(78.1%)와 산소(20.9%)로 구성되어 있다. 그 외 온실가스, 오존 등 수많은 미량의 가스와 수증기를 함유하며 고도에 따라 대류권(0~10km), 성층권(10~50km), 중간권(50~80km), 열권(80~1000km)으로 구분한다.

대류권

지상으로부터 약 10km까지(열대지방은 16~18km, 극지방은 10km 이내) 대기 중 높이가 가장 낮은 부분으로, 구름과 날씨 현상이 일어나는 영역을 말한다. 대류권 위에 오존층이 있다.

대체에너지

일반적으로 기존의 화석연료가 아닌 환경에 악영향을 적게 미치는 에너지를 말한다. 천연자원을 소모하거나 자연환경을 해치지 않는 방법으로 얻어지는 에너지다. 태양에너지, 풍력에너지가 주종을 이루고 바이오매스, 지열, 파력, 해양 온도차 등을 활용한 대체에너지 개발이 활발히 진행 중이다.

대체육

진짜 고기처럼 보이게 만든 인공 고기로, 육류를 대체할 미래 식품으로 각광받고 있다. 현재는 콩 등 식물 성분으로 만든 것이 주류를 이루고 있다. 향후 동물세포를 배양해 만든 배양육이 대체육으로 확대되면 시장은 더욱 커질 것으로 전망한다.

도시 광산

산업 원료인 금속광물이 제품이나 폐기물 형태로 생활 주변에 소량으로 넓게 분포되어 양적으로는 광산 규모를 이룬 상태를 말한다.

주로 폐기 처리된 휴대폰, 가전제품, 자동차 등에서 금, 은, 희소금속
등 자원을 추출하는 산업이다.

런던 협약

정식 명칭은 '폐기물 및 기타 물질의 투기에 의한 해양오염 방지
를 위한 국제 협약'이다. 1972년 영국 런던에서 체결되고 1975년 발
효되었다. 협약은 폐기물의 범주를 구분해 가장 유해한 물질만 투기
를 금지하고 나머지 물질들은 특별 허가 또는 일반 허가에 따라 투
기할 수 있도록 규정하고 있다. 「런던 협약 1996 의정서」는 사전 예
방 원칙과 오염자 부담 원칙을 도입하고 8개 허용 물질을 제외한 모
든 물질의 배출을 금지하고 있다.

로컬 푸드

장거리 운송을 거치지 않은 지역 농산물로 통상 반경 50km 이내
에서 생산된 농산물을 말한다. 로컬 푸드 운동은 환경보호와 생산자
의 안정적인 소득 구조 창출, 소비자의 안전한 먹거리 확보로 생산
자와 소비자의 신뢰성을 형성하고 지역 경제 발전에 기여하는 사회
적 활동이다.

물 부족 국가

국제인구행동연구소(PAI)에서 전 세계 국가를 평가해 물이 부족

하다고 분류한 국가를 말한다. 강우 유출량을 인구수로 나누어 1인당 사용 가능한 물의 양 $1,000\,m^3$ 미만은 물 기근 국가, $1,000\sim1,700\,m^3$은 물 부족 국가, $1,700\,m^3$ 이상은 물 풍요 국가로 분류한다.

미세 먼지

대기 중에 떠다니는 지름 $10\,\mu m$ 이하의 흡입성 먼지(참고로 머리카락 직경 $60\sim70\,\mu m$)를 말한다.

미세 조류(Algae)

수중에서 서식하며 광합성으로 독립적인 영양 생활을 하는 하등 식물을 총칭한다. 남조류, 규조류처럼 식물프랑크톤이라 불리며 미소한 단세포성 조류부터 다시마, 미역 같은 다세포성 대형 조류까지 모두 포함한다. 사는 곳에 따라 해조류와 담수 조류로 구분하고 서식 방법에 따라 부착 조류와 부유 조류로 분류된다. 담수 조류는 규조류(갈색), 녹조류(옅은 녹색), 남조류(남색)로 구분된다. 미세 조류는 물속의 영양분을 흡수해 증식하며 오염 물질을 제거하고 카드뮴, 납 등 중금속을 흡착하는 기능이 뛰어나 하폐수 처리에 이용되기도 한다. 추출한 오일로는 바이오 디젤, 바이오 에탄올 등을 생산할 수 있다. 미세 조류의 일부는 건강 기능 식품 등 다양한 용도로 개발되고 있다.

미세 플라스틱

크기가 5mm 미만의 작은 플라스틱이다. 너무 작아서 하수 처리 시설에 걸러지지 않고 바다와 강으로 그대로 유입된다. 치약, 연마제, 세정제 등에 들어 있는 1차 미세플라스틱이 있고, 물에 버려진 플라스틱이 시간이 지나면서 작게 분해된 2차 미세플라스틱이 있다. 수중에 배출된 미세 플라스틱은 해양 생태계를 교란할 뿐 아니라 먹이사슬을 통해 해양 생물의 몸에 축적되어 결국 우리 몸속으로 들어올 수 있다.

바이오 디젤

콩기름 등 식물성 기름으로 만든 무공해 연료로 바이오 에탄올과 함께 가장 널리 사용되는 바이오 연료다. 우리나라는 석유 정제업자 및 수출입업자에게 자동차용 경유 공급 시 일정 비율 이상의 바이오 디젤을 섞어 판매하도록 의무화하는 '신재생 에너지 연료 혼합 의무 제도(RFS)'를 2015년부터 전면 시행하고 있다.

바이오매스(biomass, 생물 유기체)

유기질은 생명체가 스스로 생성해낼 수 있는 물질을 말하고, 유기체는 유기질을 생성하거나 유기질을 에너지원으로 삼아 생명을 유지하는 것을 가리킨다. 식물과 동물, 미생물까지 포함하는 개념이다.

바이오 에탄올

사탕수수, 옥수수, 감자, 보리 등 주로 녹말작물을 발효시켜 만드는 바이오 연료로 차량 등의 연료 첨가제로 사용된다. 화석연료와 달리 오염 물질을 배출하지 않고 식물로부터 연료를 얻기 때문에 언제든 재생이 가능하다. 휘발유와 혼합하거나 단독으로 자동차 연료로 투입될 수 있어 바이오디젤과 더불어 대표적인 재생 자원 에너지로 각광받고 있다. 특히 농업 폐기물이나 폐목재 등 비(非)식용 식물 원료에서 에탄올을 추출하는 셀룰로오스 에탄올 기술이 상용화되면서 효용 가치가 더욱 높아졌다.

바젤 협약

유해 폐기물의 국가 간 교역을 규제하는 국제 환경 협약이다. 1989년 3월 유엔환경계획(UNEP)의 후원으로 스위스 바젤에서 체결되었다. 취지는 병원성 폐기물을 포함한 유해 폐기물의 국가 간 이동 시 교역국은 물론 경유국에도 사전 통보를 취해 유해 폐기물의 불법 이동을 줄이자는 데 있다. 선진국이 주도하는 대부분의 환경 협약과 달리 아프리카 등 77그룹이 주도하고 있다. 이는 후진국이 선진국의 폐기물 처리장이 되어서는 안 된다는 위기의식에서 비롯되었다. 협약은 1992년 정식 발효되었고 우리나라는 1994년 2월에 가입했다. 「폐기물의 국가 간 이동 및 그 처리에 관한 법률」도 1994년 5월부터 시행되었다.

발전차액보존제도(FIT, Feed-in-Tariff)

화석에너지 발전원에서 신재생 에너지원으로 발전 연료를 전환해 발전 부문에서 온실가스를 감축하고자 하는 시도로 설계된 정책이다. 신재생 에너지원으로 공급된 전력에 대해 생산가격과 전력 거래 가격 간의 차액을 정부의 전력 산업 기반 기금으로 보전해주는 제도다.

배출권거래제(ETS)

교토 의정서에 규정된 온실가스 감축 체제다. 온실가스 감축 의무가 있는 사업장 혹은 국가 간 배출권 거래를 허용하는 제도로, '탄소 배출권거래제'라고도 한다. 국가나 배출 사업장에 연 단위로 배출권을 할당해 할당 범위 내에서 배출 행위를 할 수 있도록 허용하고, 할당된 국가나 사업장의 실질적 온실가스 배출량을 평가해 여분이나 부족분의 배출권에 관해서는 국가나 사업장 간 거래를 허용하는 제도다.

백화현상

바닷물에 녹아 있는 탄산칼슘(석회 가루)이 해저 생물이나 해저 바위 등에 하얗게 달라붙는 현상을 말한다. 지구온난화로 수온이 올라가면서 탄산칼슘을 가지고 있는 산호말 등 홍조류가 증가해 백화현상이 심해지고 있다. 그 결과 기존의 해조류는 죽어가고 해저가 불

모지로 변하고 있다.

빙권

지표나 해양에서 눈과 얼음으로 덮여 있는 권역을 말하며 육빙(고산빙하, 빙상)과 해빙으로 구성된다.

빙붕(Ice Shelf, 얼음 선반)

남극대륙과 이어져 바다에 떠 있는 300~900m 두께의 얼음덩어리를 말한다. 대륙의 빙하가 바다로 흘러가는 것을 막는 방어 역할을 한다. 빙붕이 사라질수록 해수면 상승이 가속화된다.

빙산(Iceberg)

물위에 떠 있는 얼음 조각으로 물위로 나타난 부분의 높이가 5m 이상인 것을 말한다. 빙붕이 깨져서 빙산이 되거나 빙하가 깨져서 바다로 가면 빙산이 된다. 수면 위에는 약 1/7에 불과해 눈에 보이는 부분보다 수면 아래에 더 큰 얼음덩어리가 숨어 있다.

빙상(Ice Sheet, 얼음 평상)

주변의 땅을 5만km^2 이상 덮은 얼음덩어리를 말한다. 한반도 면적이 22만km^2이므로 한반도의 약 1/4 크기의 거대한 얼음덩어리다. 빙상은 유동성이 적어 오래전 기후를 알아내는 데 유용하다. 남극 빙상, 그린란드 빙상, 아이슬란드의 바트나 빙상 등이 유명하다.

빙하(Gracier)

육지에 눈이 쌓여 만들어진 두꺼운 얼음층을 말한다. 남극과 그린란드에 분포하는 '대륙빙하'와 해발고도가 높은 산지에 분포하는 '고산빙하'가 있다. 빙하가 녹으면 해수면 상승과 생태계 문제가 발생하고, 대기로 반사되는 빛의 양이 줄고 바다에서 흡수되는 양이 증가해 지구온난화를 가속화시킨다.

산림 탄소 상쇄 제도

기업, 산 소유주, 지방자치단체 등이 자발적으로 온실가스 배출을 줄이기 위해 나무를 심는 등 탄소 흡수원 증진 활동을 하면, 이를 통해 확보된 산림 탄소 흡수량을 정부가 인정해주는 제도다. '탄소 흡수원 유지 및 증진에 관한 법률'의 시행(2013. 2. 23.)과 함께 도입되었다. 사업 유형으로는 신규 조림/재조림, 지속 가능한 산림 경영, 식생 복구, 산림 바이오매스 에너지 이용, 산지 전용 억제 등이 있다.

생활기후학

인간 생활과 기후를 연구하는 학문이다. 인간 생활은 기상이나 기후에 영향을 받고 있으므로, 생활과 기후의 관계에 관한 연구를 통해 생활의 향상 및 복지 후생에 공헌할 수 있다. 더운 지역, 추운 지역, 다우 지역, 다설 지역, 강풍 지역 등 기후 특성에 맞는 가옥의 구조, 설비, 소재를 선택해야 하며 기후에 따라 주거 환경, 의복, 음식, 건강, 질병, 위생, 교통, 관광, 레저, 작업 능률 등의 문제가 다르게 나타난다.

석탄액화/석탄가스화

석탄액화는 고체연료인 석탄을 고온(430~460℃), 고압(100~280기압)에서 수소를 첨가해 합성 가스를 만들고 이를 다시 액화시켜 정제해 휘발유와 경유를 만드는 기술이다. 석탄가스화는 석탄으로부터 가연성 가스를 제조해 정제시킨 후 가스터빈이나 증기터빈을 구동하는 신 발전 기술인 석탄가스화복합발전(IGCC) 기술을 말한다.

성층권

지표로부터 10~50km 사이에 위치하는 대기권으로 9~12km의 고도를 유지하는 민항기가 다니는 길이다. 대기가 비교적 안정되어 여객기의 항로로 적합하다.

세계 환경의 날

유엔인간환경회의가 1972년 6월 5일을 지구 환경 보전을 위한 날을 제정하고 그해 유엔 총회에서 채택했다. 1987년 이후 매년 유엔 환경계획이 그해의 주제를 발표해 대륙별로 돌아가며 한 나라를 정해 행사를 개최하고 있다.

식량 안보

식량 안보에 대한 정의는 국가의 입장에 따라 다양하다. 제2차 세계대전 이후 식량 위기를 계기로 관심이 대두되었다. 유엔식량농업기구(FAO)는 '식량이 항상 확보 가능하고, 모든 사람이 식량에 접근할 수 있는 수단을 가지고 있으며, 영양적으로 적절하고, 주어진 문화 내에서 수용 가능함'이라고 정의를 내렸다.

신재생 에너지 공급 의무 할당제(RPS, Renewable Energy Portfolio Standard)

일정 규모 이상의 발전 사업자에게 총 발전량 중 일정량 이상을 신재생 에너지 전력으로 공급하도록 의무화하는 제도다. 발전 차액 지원 제도를 운영하는 과정에서 막대한 정부 재정이 투입되어야 하는 문제점을 해결하고 신재생 에너지 보급 및 확산에 효과적인 정책 수단 발굴의 필요성에 따라 이 제도를 설계했다.

양수 발전

전력 수요가 낮은 심야 시간대의 값싼 전력을 이용해 낮은 위치의 댐이나 저수지, 하천의 물을 상부 댐이나 특정 부지로 끌어올려 저장해두었다가 전력 수요가 최대에 이르는 시간대에 발전해 전력을 공급한다. 그럼으로써 전력망의 전력 수요 일부를 담당케 해 전력망 전체의 효율을 향상시키고 경제성을 높이는 발전 기술이다.

어스 아워(Earth Hour)

세계자연기금(WWF)이 주최하는 글로벌 기후변화 대응 캠페인으로 2007년 시드니에서 시작했다. 1년에 1시간 상징적으로 소등하는 이벤트를 통해 에너지 절약 등 일상에서 실천할 수 있는 작은 행동 변화를 유도하고, 나아가 기후변화 대응 이행을 촉구하는 의미를 담고 있다. 2021년에는 3월 27일 저녁 8시 30분부터 1시간 동안 전 세계 190여 개국이 '지구촌 전등 끄기' 캠페인에 참여했다.

어싱 플로깅

어싱 플로깅(Earthing Plogging)은 맨발 걷기를 하면서 쓰레기를 줍는 캠페인이다. 지구 표면에 존재하는 에너지에 우리 몸을 연결해 건강 증진을 도모하는 환경 운동이다. 이 활동은 숙면을 돕고 통증을 완화시키며 천식 및 호흡기 질환, 류머티즘 관절염, 고혈압 등을 개선하는 데도 도움이 된다.

열권

대기권에서 대류권, 성층권을 넘어 가장 위쪽에 위치하는 대기층으로 높이 80~1000km 영역을 말한다. 태양열을 흡수하기 때문에 고도가 올라갈수록 온도가 높아지며 인공위성의 궤도로 이용된다.

영구동토

2년 이상의 기간 동안 온도가 영하로 유지된 토양을 말한다. 대부분 영구동토는 북극이나 남극에 가까운 고위도 지역에 자리 잡고 있지만, 높은 고도에 형성되는 고산 영구동토층은 낮은 위도에도 존재할 수 있다.

영농폐기물수거보상제도

농민이 영농 폐기물을 직접 마을 공동 집하장으로 가져오면 폐기물의 종류나 양에 따라 보상금을 지급하는 제도를 말한다. 폐기물의 수거율을 높이기 위해 실시되었다. 집하장에 모인 폐기물은 환경 공단에서 운영하는 무인 수거 사업소로 이송되어 원격 계량되며 측정된 무게와 등급에 따라 지자체에서 마을 단위로 보상금을 지급한다.

에너지 자립 섬

신재생 에너지(태양광, 풍력, 지열 등), 에너지저장장치(ESS), 에너지관리시스템(EMS)으로 구성된 마이크로그리드로 에너지를 자급자족하는 섬을 말한다. 고립된 도서 지역의 주 에너지원인 디젤 발전은 이산화탄소 배출량이 많고 발전 단가가 높아 이를 대체하는 방법이다.

에코맘

환경보호에 관심을 갖고 가정에서 친환경적인 살림을 하는 주부를 말한다. 이들은 쓰레기 줄이기, 절전형 가전제품 사용하기, 친환경 제품 사용하기 등을 실천하며 환경보호에 앞장서고 있다.

에코플레이션

생태(Ecology)와 인플레이션(Inflation)의 합성어로 환경적 요인으로 야기되는 인플레이션을 말한다. 지구온난화로 생기는 이상고온현상, 가뭄, 산불, 열대성 태풍 등이 빈번해지고 있는데, 이는 기업의 제조원가를 높여 결국 소비재 가격 상승으로 이어질 수 있다.

엘리뇨와 라니냐

열대 동태평양 지역에서 대기와 해양의 상호작용으로 2~7년 주기로 해수면 온도가 변화하는 기후현상이 발생한다. 동태평양 적도 지역 바다인 남위 5도부터 북위 5도까지, 서경 170도부터 120도까지 엘니뇨 감시 구역에서 5개월 이상 평균 해수면 온도가 평년보다 0.5℃ 이상 높아질 때 그 첫 달을 '엘리뇨'의 시작이라고 본다. 반대로 해수면 평균기온이 0.5℃ 이상 낮은 저수온 현상을 '라니냐'라고 한다.

오존(O3)

대기 중에 배출된 질소산화물(NOx)과 휘발성유기화합물(VOCs) 등이 자외선과 광화학반응을 일으켜 생성된 PAN(Peroxy Acetyl Nitrate, 배기가스 중 탄화수소, 질소산화물이 자외선에 의해 합성된 물질), 알데하이드, 아크롤레인(Acrolein, 불포화알데하이드의 하나로 무색 액체) 등의 광화학 옥시탄트의 일종으로 2차 오염 물질에 속한다. 오존에 반복 노출 시 폐에 손상을 입을 수 있으며 가슴 통증, 기침, 메스꺼움, 소화 등에 영향을 미친다. 농작물과 식물에도 직접적인 영향을 주어 수확량이 감소하거나 잎이 말라 죽기도 한다.

오존층

성층권에는 오존의 농도가 가장 높은 층(약 12~40km)을 포함하고 있는데 이를 '오존층'이라 부른다. 태양에서 나오는 자외선(UV) 복사를 흡수해 지구를 보호하고 기후 조절에 영향을 미친다. 인간이 배출하는 염소 및 브롬 화합물 등에 의해 오존층이 파괴되고 있다.

오존층 보호를 위한 비엔나 협약

1985년 3월 오스트리아 비엔나에서 작성하고 1988년 9월 발효된 협약이다. 당사국은 150개국이며 한국은 1992년 5월 발효되었다. 오존층이 파괴되면 지구에 도달하는 자외선이 많아져 피부암, 백내장 등을 유발하고 농작물이나 해양 식물플랑크톤의 성장을 방해하는 등 지구환경에 악영향을 미친다. 특히 남극과 북극의 오존층 파괴가 심각하다. 오존층을 파괴하는 주된 물질은 프레온가스로 불리는 염화불화탄소(CFCs) 계열과 소화 방제용 소화제로 사용하는 할론가스, 사염화탄소가 대표적이다. 우리나라도 이 물질들의 제조 및 사용을 규제하고 있다.

온실가스

공기 중의 이산화탄소, 메탄 등 기체의 양이 많아져 온실효과를 일으킨다. 유엔에서 지정한 7대 온실가스는 이산화탄소(CO_2), 메탄(CH_4), 아산화질소(N_2O), 수소불화탄소(HFCs), 과불화탄소(PFCs), 육불화황(SF_6), 삼불화질소(NF_3)다.

온실가스 배출 전망치(BAU)

특별한 조치를 취하지 않을 경우 배출될 것으로 예상되는 미래 온실가스 배출 전망치로 감축 목표 산정의 기준이 된다. 우리나라는 2015년 파리기후협약을 앞두고 2030년 BAU(8억 5,000만t) 대비 37%의 온실가스를 줄이겠다는 자발적 감축 목표를 유엔기후변화협약 사무국에 제출했다.

온실가스/에너지 목표관리제

국가 에너지 온실가스 감축 목표(2030년 BAU 대비 37% 감축)를 달성하기 위해 온실가스 다배출 및 에너지 다소비 업체를 관리 업체로 지정하고 온실가스 배출량 및 화석에너지 사용량에 대한 감축 절감 목표를 부과해 이행 실적을 검증·관리하는 제도다.

온실효과

지구 대기의 1%를 구성하는 이산화탄소 등의 온실가스는 지구에 들어오는 짧은 파장의 태양에너지는 통과시키고 지구로부터 나가려는 긴 파장의 적외 복사에너지는 흡수해 지표의 온도가 올라가는데, 이를 온실효과라고 부른다. 온실가스는 지구의 온도를 유지하는데 꼭 필요하지만 과도한 온실가스는 지구온난화를 일으킨다.

우산효과

대기에 떠도는 에어로졸이 지표면에 도달하는 햇빛을 막아 기온을 떨어뜨리는 현상이다. 지구온난화를 완화하기도 한다. 구름은 지구에서 방출된 적외선 복사를 흡수해 기온을 상승시키는 역할도 하지만 우산효과가 더 크다.

유엔지속가능발전회의(UNCED)

2012년 6월 브라질 리우데자네이루에서 개최된 금세기 최대 환경개발 회의다. 지속 가능한 발전을 위한 국제사회의 의지를 재확인하고 지속 가능 발전 목표(SDGs) 개발을 위한 논의가 시작되었으며 녹색 경제의 지침이 채택되었다.

유엔환경계획(UNEP)

환경문제를 전담하는 유엔 산하 기구로 지구환경을 감시하고 각국 정부를 비롯한 국제사회가 환경의 변화에 따라 적절한 조치를 취할 수 있도록 돕고, 환경 정책에 대한 국제적 합의를 이끌어내는 것이 주요 역할이다. 1972년 스톡홀름의 유엔인간환경회의에서 처음 논의된 직후 유엔총회에서 설립했다.

원자력발전

핵분열 연쇄반응으로 발생한 에너지로 터빈발전기를 돌려 전기를 생산하는 방식이다. 제2차 세계대전 이후 원자력을 평화적으로 이용하기 위해 시작되었다. 다른 발전 방식에 비해 초기 건설비는 높지만 연료비가 월등히 저렴해 발전비용이 가장 싸고 화석연료와 달리 연소 시 유해 물질이 방출되지 않아 환경에 부담이 없다. 그러나 가동 후 방사능 폐기물과 오염수의 처리가 문제가 된다.

월드워치연구소(Worldwatch Institute)

전 지구적인 환경문제를 분석하는 최초의 독립 연구 기관이다. 1974년 미국의 농부이자 경제학자인 레스터 브라운이 설립해 환경적으로 지속 가능한 사회, 정책 입안자들에게 통찰력 제공, 기후변화, 자원 저하, 인구 증가, 가난 등 21세기 과제를 연구한다. 기부금 및 보조금, 출판 수익, 투자와 기타 수익으로 운영되고 있다.

의제21(Agenda21)

1992년 6월에 열린 유엔환경개발회의(UNCED)에서 채택된 '리우 선언'의 실천 강령으로 21세기를 향한 지구환경 보전 종합 계획이다. 전문(前文)과 사회경제, 자원의 보전 및 관리, 그룹별 역할, 이행 수단 등 4개 부문의 39개의 장으로 구성되어 있으며, 2,500여 개의 권고 내용을 담고 있다. 물, 대기, 토양, 해양, 산림, 생물 종 등 자연 자원의 보전과 관리를 위한 지침뿐 아니라 빈곤 퇴치, 건강, 인간 정주, 소비 형태의 변화 등 사회경제적 이슈까지 폭넓게 다루고 있다. '의제21'의 권고에 따라 각국의 지방 정부에서는 지방의 여건을 반영한 '지방의제21'을 추진하고 있다.

이산화탄소 상당량, CO2eg

이산화탄소 1톤, 또는 온실가스의 지구온난화 영향이 이산화탄소 1톤에 상당하는 양을 의미한다. 비교 단위의 계산은 온실가스 배출량×지구온난화지수로 나타낸다. 기타 온실가스(이산화탄소를 제외한 6 대 온실가스)의 지구온난화 영향을 이산화탄소 1톤에 상당하는 양으로 표현할 때 사용하는 단위다.

인공 태양

햇빛을 반사하는 우산 모양의 대형 반사경을 우주 공간에 설치해 지구의 일부 지역에서 밤을 훤히 밝혀준다. 1993년 2월 러시아에서

'노비스베트(새로운 빛)'라는 계획으로 우주정거장 미르에서 분리된 무인 화물 운반선 '프로그래스15'에 붙어 있는 폭 20m의 태양 거울을 이용해 4km 정도의 지역에 달빛 밝기로 조명하는 데 성공했다.

일산화탄소(CO)

탄소와 산소가 결합한 화합물이다. 무색무취의 유독성 가스로 연료 속의 탄소 성분이 불완전 연소되었을 때 발생한다. 배출원은 수송, 산업 공정, 산불, 주방, 담배 연기, 지역난방 등이다. 일산화탄소에 중독되면 두통, 호흡곤란이 생기고 심하면 사망에 이를 수 있다.

자원순환기본법

2016년 5월 제정·공포되어 2018년 1월 발효된 법률로 자원을 폐기하는 매립이나 단순 소각 대신 아이디어와 기술을 최대한 동원해 재사용과 재활용을 극대화하고 지속 가능한 자원 순환 사회를 만드는 것을 목표로 하고 있다. 주요 내용은 자원순환성과관리제, 폐기물처분부담금제, 순환자원인정제, 자원순환기반구축 등이 있다.

재조림

원래 산림이었는데 다른 용도로 전환되었다가 다시 인위적으로 산림을 조성하는 것을 말한다.

재활용의무이행 인증제도

생산자가 제조·수입·판매한 제품 포장재의 폐기물 전부를 회수해 재활용하거나 이에 대한 부담금을 내는 경우 재활용 의무를 충실히 이행했다고 인정하는 제도다. 대상은 종이팩, 금속 캔, 유리병, 페트병, 플라스틱, 발포합성수지 등 재활용의무대상(EPR) 포장재다.

제트기류

북위 30~40도의 대류권계면 부근에서 거의 수평축을 따라 불고 있는 강한 바람 대를 말한다. 평균 풍속은 겨울철 시속 130km, 여름철 시속 65km이며, 공기 밀도의 차이가 가장 큰 겨울철에 풍속이 가장 강하다. 바람의 방향은 서쪽에서 동쪽으로 불며 경로는 대체로 구불구불하다.

지구관측그룹(GEO)

지구온난화, 자연재해 급증 등 전지구적 문제를 해결하기 위한 통합된 전지구관측시스템(GEOSS) 구축을 추진하는 국제기구로 2005년 95개국(EC 포함)의 참여로 2005년 2월에 설립되었다. 9개의 사회 편익 분야(농업, 생물 다양성, 기후, 재난, 생태계, 에너지, 건강, 물, 기상)를 선정해 통합적이고 포괄적이고 지속적인 지구 관측 데이터 및 정보를 생산하는 것을 목표로 하고 있다. 우리나라는 GEO 창설 회원국 겸 GEO 집행위원회 이사국으로 활동하고 있고 한국지구관측그룹(KGEO)이 구성되어 활동 중이다.

지구 생태 용량 초과의 날

물, 공기, 토양 등 자원에 대한 인류의 수요가 지구의 수용 능력을 초과하는 시점을 말한다. 이날에 인류의 한 해에 주어진 생태 자원을 모두 소진한 것이 되며 이후에 사용하는 모든 자원은 미래 세대에게 생태적 빚을 지게 되는 것이다. 산출 방법은 인간의 생태 발자국을 계산하고 생태계의 자원 생산 능력인 생태 용량과 비교해 예상 수치를 만든다. 1987년 '지구 생태 용량 초과의 날'이 12월 19일이었는데 2021년은 7월 29일이었다. 결국 주어진 자원을 이날까지 다 사용하고 미래 세대가 쓸 것을 154일이나 당겨 쓴 셈이다.

지구온난화

인간의 활동으로 배출되는 이산화탄소, 메탄, 아산화질소 등 온실가스가 대기로 들어가 잔류하면서 대류권의 기온이 상승하는 효과를 말한다. 기후변화정부간협의체 6차 보고서(2021)는 지구온난화로 지구 평균기온이 지난 140년간 1.09℃ 상승하고, 지구 해수면은 117년간 20cm 높아졌다고 발표했다.

지구환경기금(GEF)

개발도상국의 환경 보전 대책을 지원하고자 국제부흥개발은행

(IBRD)이 1990년에 창설한 국제 기금으로 선진국이 모은 자금을 유엔환경계획(UNEP), 유엔개발계획(UNDP)이 공동으로 관리·운영하면서 개발도상국의 환경 보전 대책에 저렴한 이자로 자금을 융자하고 있다.

지구환경보고서

월드워치연구소에서 매년 발간하는 지구환경에 대한 조사 보고서다. 정책적인 특이 사항이나 분쟁 사항 등 전 세계에 걸쳐 매년 가장 쟁점이 된 환경 관련 문제를 다루며, 지구 환경 보전을 위한 폭넓은 대안을 제시하고 있다.

지속가능발전목표(SDGs)

경제 발전과 환경 보전의 양립을 추구하는 개념이다. 1987년 세계환경개발위원회(WCED)의 보고서 「우리 공동의 미래」에서 새로운 지구촌 발전 개념을 정립했다. 미래 세대가 이용할 환경과 자연을 손상시키지 않고 지금 세대의 필요를 충족시켜야 한다는 '세대 간의 형평성'과 자원 환경과 자연을 이용할 때는 자연의 정화 능력 내에서 오염 물질을 배출해야 한다는 환경 용량 내 개발을 의미한다. 2015년 유엔총회는 지속 가능 발전을 위한 구체적 목표인 지속가능발전목표(SDGs)를 채택했다.

천적 곤충

병해충을 잡아먹는 곤충으로 대부분 비닐하우스에서 사용되는데 벌레가 외부로 날아갈 염려가 없어 방제 효과가 뛰어나다. 따라서 천적 곤충을 이용한 천적 농법은 농약 값과 비슷한 비용을 들이면서도 국제적으로 문제가 되고 있는 잔류 농약 문제를 해결하는 친환경 농법으로 활용되고 있다.

청정 개발 체제(CDM, Clean Development Mechanism)

교토 의정서 제12조에 규정된 것으로 '공동 이행(JI)'을 통해 온실가스 감축 의무가 있는 선진국은 개발도상국에 투자해 발생되는 온실가스 배출 감축분을 자국의 감축 실적에 반영할 수 있도록 한다. 동시에 부담금(User Fee)을 납부해 이를 청정 개발 체제 운영비 및 개발도상국의 기후변화 적응 비용에 충당한다.

초미세 먼지

미세 먼지 중 입자가 극히 작은 것을 말한다. 지름이 $2.5\mu m$(PM2.5) 이하 나노 크기의 입자상 물질이다. PM2.5보다 큰 $10\mu m$ 입자(PM10)는 미세 먼지라 칭한다.

탄소국경세

유럽연합이 자국보다 탄소 배출을 많이 하는 국가의 제품에 관세를 부과하는 제도다. 2018년 유럽연합은 탄소국경세 관련 법안 근거를 마련했다. 2019년에는 역내외 이해 관계자들의 의견 수렴을 거쳐 2021년 7월 법안 초안을 발표한 뒤, 2026년에는 본격적으로 도입한다는 계획을 세웠다.

탄소 나무 계산기

개인이 평생 배출하는 이산화탄소의 총량을 계산한 후 이를 흡수하거나 상쇄하는 데 필요한 산소를 만들어낼 나무의 숫자로 환산해주는 계산기다. 주거 형태와 평수, 가족 수, 월평균 난방 요금, 주로 이용하는 교통수단, 자동차 운행 거리 등을 입력하면 자신이 평생 내뿜는 이산화탄소의 양이 표시된다. 이에 따라 심어야 할 나무의 개수가 계산된다.

탄소 발자국

제품 및 서비스의 원료 채취, 생산, 유통, 사용, 폐기 등 전 과정에서 발생하는 온실가스 발생량을 이산화탄소 배출량으로 환산해 라벨 형태로 제품에 표시하는 환경 성적 표시다. 계산법은 이동 거리 또는 연료비를 입력하면 탄소 발생량과 필요한 소나무 그루 수가 자동으로 산출되는 계산기도 있다.

탄소 중립

개인, 회사, 단체 등이 일상생활이나 기업 활동에 의해 이산화탄소를 배출한 만큼 이산화탄소를 감축·흡수·상쇄 등의 방법으로 실질적 배출량을 '0'으로 만드는 것이다.

탄소포인트제도

가정과 상업 시설 등에서 수도와 도시가스의 사용량 절감에 따른 온실가스 감축 실적에 따라 탄소포인트를 부여하고 이에 상응하는 인센티브를 제공하는 전 국민 온실가스 감축 실천 프로그램이다.

ISO 14000 시리즈

국제표준화기구(ISO)가 기업 활동의 전 과정에 걸쳐 지속적 환경 성과를 개선하는 일련의 경영 활동을 위해 제정한 환경경영체제(EMS)에 관한 규격이다. ISO 14000 시리즈에는 환경경영체제(ISO 14001), 환경심사(ISO 14010), 환경라벨링(ISO 14020), 환경성과평가(ISO 14030), 전과정평가(ISO 14040) 등이 있으며 조직을 평가하는 영역과 공정을 평가·분석하는 영역으로 나뉜다.

ISO 26000

국제표준화기구에서 2010년 11월에 제정한 표준이다. 기업의 사회적 책임에 대한 국제 기준으로 환경, 인권, 노동 등에 관한 기업의 사회적 책임을 포괄적으로 규정하고 있다. 기본 7개 원칙은 책임성, 투명성, 윤리적 행동, 이해관계자의 이익 존중, 법규 준수, 국제 행동 규범 존중, 인권 존중이다.

PPM(Part Per Million)

백만분율. 어떤 양이 전체의 100만 분의 몇을 차지하는지 나타낼 때 사용한다. 물 1kg 중에 다른 물질 A가 1mg 함유될 경우 1ppm의 A를 함유했다고 표시한다. 대기 중 이산화탄소 농도를 나타낼 때도 사용한다.

RCP(Representative Concentration Pathways)

온실가스 배출량과 농도를 예측하는 대표 농도 경로로, 인간 활동이 지구 대기에 미치는 영향의 변화를 나타내는 것이다. RCP2.6(인간 활동에 의한 영향을 지구 스스로가 회복 가능한 경우), RCP4.5(온실가스 저감 정책이 상당히 실현되는 경우), RCP6.0(온실가스 저감 정책이 어느 정도 실현되는 경우), RCP8.5(현재 추세로, 즉 저감 없이 온실가스가 배출되는 경우) 등 4개로 구분해 나타낸다.

단행본

반다나 시바, 이상훈 역, 『물 전쟁』 생각의나무, 2003.

빌 게이츠, 김민주 외 1명 역, 『빌 게이츠, 기후재앙을 피하는 법』 김영사, 2021.

이강후, 『새로운 성장동력 대체에너지』 북스힐, 2008.

제러미 리프킨, 안진환 역, 『글로벌 그린 뉴딜』 민음사, 2020.

조너선 사프란 포어, 송은주 역, 『우리가 날씨다』 민음사, 2020.

조석준, 『기후변화 보이는 게 다가 아니다』 푸른지구, 2017.

조효제, 『탄소 사회의 종말』 21세기북스, 2020.

토머스 L. 프리드먼, 이영민 외 1명 역, 『코드 그린』 21세기북스, 2008.

피터 브래넌, 김미선 역, 『대멸종 연대기』 흐름출판, 2019.

논문 및 보고서

강남구, 「기후변화알기쉬운보고서」 서울 강남구, 2020.

관계부처합동, 「2020년 이상기후 보고서」 기상청, 2021.

국가기후환경회의, 『국가기후환경회의 중장기 국민정책제안』 국가기후환경회의,
2020.

국립기상과학원, 「전지구 기후변화 전망보고서」 국립기상과학원, 2019.

국립기상과학원, 「한반도 100년의 기후변화」 국립기상과학원, 2018.

기상청, 「신기후체제 대비 대구광역시 기후변화 전망보고서」 기상청, 2017.

기상청, 「한국 기후변화 평가보고서 2020(기후변화 과학적 근거)」 기상청, 2020.

기상청, 『기상기술정책』, 제10권, 제2호(통권 제26호), 2017.

김성욱, 「2035년 대한민국, 기후 디스토피아 미래예측 보고서」, 프레시안, 2020.

김익, 「넷제로의 의미와 활용」, 환경부, 한국환경산업기술원, 2020.

김지애, 「기후변화에 대응하는 세계의 노력」, 『과학이그린』, 국립산림과학원, 2017.

명수정, 「기후변화 적응 관련 유망산업 발굴 및 활성화 연구」, 한국환경정책·평가 연구원, 2012.

박지혜 외 1명, 「2020 대한민국 재생에너지 현황과 문제점」, 사단법인 기후솔루 션, 2020.

박해철, 「기후변화가 곤충에 미치는 영향에 관한 국내외 연구 분석」, 『자연보존』, 2005.

산림청, 「기후변화와 산림」, 산림청, 2009.

산림청, 「숲에서 일하는 100가지 방법」, 산림청, 한국산림복지진흥원, 2018.

삼정KPMG 경제연구원, 「ESG 경영 시대, 전략 패러다임 대전환」, 삼정KPMG, 2020.

양의석, 「주요 국가의 친환경 에너지 정책 추진과 신재생 에너지 역할 변화」, 『세계 에너지 현안 인사이트 스페셜』, 에너지경제연구원, 2018.

윤동환, 「그린스완 출현과 시사점」, 『주간 KDB리포트』, KDB산업은행 미래전략연 구소, 2020.

이재석, 「국내외 녹색일자리 현황과 시사점」, 서울에너지공사 에너지연구소, 2018.

이진선, 「지금은 재생가능에너지 시대(국가/지자체편)」, 그린피스, 2017.

이진원, 박창훈, 「바이오 에너지의 종류와 생산방법」, 『NEWS & INFORMATION FOR CHEMICAL ENGINEERS』, Vol. 29, No. 4, 2011.

임경량, 「환경문제 등 돌리면 곧 기업 리스크로 돌아온다」, 김병규 교수 패션포스 트 인터뷰 기사, 2021.

장경석, 「주요국의 그린 뉴딜 정책, 포스트 코로나 시대 새로운 성장 동력」, KB금융 지주 경영연구소, 2020.

장현숙, 「기후변화 대응: 기업의 책임과 역할」, 『기업윤리 브리프스』, 국민인권위원 회, 2019.

한국에너지정보문화재단, 「재생에너지와 일자리 연례보고서 요약본」, 2020.

환경부, 「파리협정 길라잡이」, 환경부, 2016.

환경운동연합, 「2020 자원순환 활동 보고서」, 환경운동연합, 2020.
WWF, 「지구생명 보고서 2020」, WWF-KOREA, 2020.

웹사이트

가톨릭기후행동(http://www.gccmkorea.kr)
공공데이터포털(http://www.data.go.kr)
국가기후변화적응정보포털(http://kaccc.kei.re.kr)
국립기상과학원(www.nims.go.kr)
국립해양조사원(http://www.khoa.go.kr)
기상자료개방포털(http://data.kma.go.kr)
기상청(http://www.climate.go.kr)
기후변화센터(http://www.climatechangecenter.kr)
기후변화행동연구소(http://climateaction.re.kr)
기후변화홍보포털(http://www.gihoo.or.kr)
기후솔루션(http://www.forourclimate.org)
사회적경제미디어(https://www.lifein.news)
서울환경연합(http://ecoseoul.or.kr)
세계에너지통계2020(http://yearbook.enerdata.co.kr)
옐로우의 세계(http://yellow.kr)
월드메타(http://www.worldmeters.info/kr)
한국광물자원공사(www.kores.or.kr)
한국기후·환경네트워크(www.kcen.kr)
한국기후변화연구원(http://www.kric.re.kr)
한국전력공사 홈페이지(http://home.kepco.co.kr)
한국환경공단(http://www.keco.or.kr)
환경부(http://me.go.kr)
APEC기후센터(https://apcc21.o

기후위기, 마지막 경고

초판 1쇄 발행 2021년 10월 30일

지 은 이   서형석
펴 낸 이   한승수
펴 낸 곳   문예춘추사

편   집   박일귀
마 케 팅   박건원, 김지윤
디 자 인   박소윤

등록번호   제300-1994-16
등록일자   1994년 1월 24일
주   소   서울특별시 마포구 동교로 27길 53, 309호
전   화   02 338 0084
팩   스   02 338 0087
메   일   moonchusa@naver.com

I S B N   978-89-7604-498-3 03330